WORKING  METHODS

ひとり会社で6億稼ぐ仕事術

大野泰敬
YASUNORI ONO

クロスメディア・パブリッシング

はじめに

妙に他人が羨ましく見えたり、自分自身が劣っていると考えたり、将来に対して不安に思うことはありませんか？

自分は能力がないのではないか？　私は落ちこぼれなのに、社会でやっていけるのかという漠然と不安に陥ることはありませんか？

成功するということは、自分や家族には関係ない特別な人、住む世界が違う人だと思っていませんか？

人それぞれ悩みや考え方が違いますが、誰しもこのような悩みを一度は抱いたことがあると思います。私もその一人でした。現在もこれらのような悩みを抱えている方がいたとしたら、今なら私は、はっきり断言して言えます。

「それは違います。**成功するチャンスは誰にでも与えられています**」と。

私自身は人からよくこう言われます。

「人生の成功者ですね」とか、「勝ち組ですね」とか。

何を成功と定義するかにもよりますが、ソフトバンクなどの大企業で、それなりのポジションでミッションを実行したり、独立した今では数億円を一人で稼げるようになりました。オリンピック組織委員会や数々の上場会社でアドバイザーや顧問に就任したりと、人によっては、そう見える人もいるのでしょう。

でも、私にとっての成功とは、そうした財産や名誉、役職ではなく「自分の納得した道を自分自身で歩み続けること」です。成功者の定義は人それぞれですが、共通していることは、用意された道を走るのではなく、自分なりの道を見つけ、努力をしているということです。


自分で道を切り開くためには、それだけの**知識とテクニック**が必要になります。

また、その道を歩み続けるためには、資金が必要です。

成功し続けて、お金を生み出し続ける、つまりビジネスとして成功しなければ、その道を走り続けることはできません。

私自身はそのテクニックを得るために猛烈な努力を裏側で重ねてきました。それは自信をもってはっきり言えます。

ソフトバンク時代も、自分が思っている部署に異動して、自分のやりたい仕事ができたのも、その裏で血の滲むような努力を重ねてきたからです。それらの経験から得た**成功するために必要なこと**を1つにまとめたものが本書になります。

正直いうと、本を書くのは大変です。

今も睡眠時間を削りながら、真夜中に執筆してます。「印税で儲かりますね」とも言われますが、全然儲かりません（笑）。本の執筆で稼ぐよりも、断然ビジネスで稼いだ方がいいです。費用対効果は格段に悪い。時間はかかるし、考えていることを整理して人に伝えるのは非常に大変です。

そんな思いをしてまでなぜ執筆したのか？

理由は、私の大切な人、家族、周りにいる人たち、そして本を購入してくれた少しでも多くの人が、より幸せになって、自分が本当にやりたいことができるようになってほしいと願っているからです。もちろん、ここに書かれていることがすべてではありません。しかし、この本を読んだことがきっかけで、考え方が少しでも変わり、ビジネスや人生が成功するきっかけになれたらと幸いです。

天才じゃなくてもできる

成功は、特別な人、優等生、天才だけができるものではないか、と思っていませんか？

でも、それは違います。

「誰でもできるようになります」と、ダメダメだった私自身がはっきり断言して言えます。もちろん、成功するレベルなどは人によって差はあれど、自分が幸せと感じることができる成功を掴み取ることは、誰でもできます。

本書では、そうしたことに気づけるきっかけとなるような、私が苦労して得たノウハウを記載しております。今、人生そのものや、進路や自分の将来に悩んでいたり、漠然と不安を感じてる人が、この本を読んで少しでも自分の考え方を変え、前向きに人生を歩んで、幸せになってくれればと思います。

ひとり会社で6億稼ぐ仕事術　目次

第2章 何度しくじっても大丈夫

第3章 思考を変える

第4章 インプットからすべてが始まる

第5章 質の高いアウトプットを引き出す思考法

第6章 ひとり会社でも信頼を勝ち取る仕事術

第1章
落ちこぼれでも大丈夫

自由気ままに生きたあげくの最下層学生生活

私は学生時代はずっと落ちこぼれでした。

どれくらい落ちこぼれだったかというと、常に成績は最下位で勉強をする気も起こらず、毎日遊んで、毎日ゲームをして、毎日好きなことをして暮らしている、そんな自由奔放な生活で、完全に落ちこぼれの烙印を推された学生生活でした。

それでも、大学を卒業して社会に出ると、スイッチが入り、考え方や生き方が大きく変わり、今のような実績を残せるようになりました。

つまり、**人の人生はスイッチが入れば、誰でも大きく変われるチャンスがある**ということです。たとえ今は落ちこぼれていたとしても、その落ちこぼれ時代に経験したことが、自分の将来に役立つときがきて、それがきっかけで成果につながる。そんなことが十分あり得るのです。本章では、本題に入る前に私が歩んできた過去を少し振り返る時間をください。

問題児だった幼少時代

小さい頃は本当に問題児だったらしいです(あまり記憶がないですが……)。学校の先生から「あの子は頭がおかしいから精神科に連れて行きなさい」と母親が言われるくらい、学校で問題しか起こしていなかったようです。少しでも嫌なことがあると、壁を殴って穴を開けていたので、実家の壁は穴だらけ。周りに気にいらない人がいたら襲いかかって、相手を傷つけたりしていました。学校に行ってもほとんど授業も聞かず寝ているか、授業を抜け出してゲームをやっていました。

ゲームは本当に大好きで、1日18時間ゲームをするときがあるくらいでした。大学時代はゲーム休暇というものを自分で設定し、新しい最新ゲームが発売されるとバイトと学校を休み、ひたすらゲームをし続ける生活を繰り返していました。

最下層の高校生活

そんな学生生活を送っていたので、当たり前ですが成績は極端に悪かったです。高校では学年でビリから2番目に悪い成績でした。当時、私が通っていた高校は偏差値が最下位の学校で、他の高校には入れない学生が集まるようなところでした。

いま思えばすごい環境でした。

同じクラスには、年齢が違う人がちらほらいて、年齢が違う理由は、留年だったり、少年院から出所してきたなど(笑)、理由は様々でしたが、世間的に見ればまさに最下層。『スクールウォーズ』というTBSのラグビードラマがあったのですが、オープニングで学生たちが窓ガラスを割るシーンや、大人数で喧嘩をするシーンなどが描かれていましたが、まさにそんな世界の高校生活でした。

ラグビーに救われる

少し変わるきっかけとなったのが、担任の勧めでラグビー部に入部したことでした。それまでは一匹狼で暴れていたのですが、初めてスポーツで力を発散する方法と、集団で何かを成し遂げるということを経験しました。

実はこのラグビー部に入部する前の小学校、中学校生活の記憶がほとんどありません。クラスメイトの名前、顔もほとんどうろ覚えで少し覚えている程度。いま中学のクラスメイトに声をかけられても絶対に気がつかない自信があります(笑)。

いま振り返ると、ラグビーを始めたことが人生が変わる最初のステップになったと思います。そんなところまでリアルスクールウォーズでした。

大学入学早々に大きな挫折

ラグビーをきっかけに、少し人生は良いほうに傾いていきました。成績は徐々に上がり、推薦で大学に進学できそうなところまで来ました。

しかし、学力は全体的に低く、筆記テストで受かる自信は全くありませんでした。

そんなとき、母親の紹介で知ったのが「麗沢大学」という大学でした。千葉の田舎にある大学で、のどかな学校でした。

その大学を受験しようと思った理由は、「これからは国際社会で、世界で通用するためには、プレゼンテーションやディベート力が重要である」と当時謳っていて、プレゼン枠のような推薦枠があり、筆記テストなしで、面接、ディベート、プレゼンテーションなどだけで、受験できたからです。

結果はというと見事合格。晴れて大学生活を送れることになり、これで自分も他の人と一緒にハッピーな生活が送れると思っていました。

まったくわからない講義

しかし、入学して早々に大きな挫折を味わうことになります。

大学の講義が一体何を話をしているのかがわからず、一切ついていけなかったのです。

中学レベルの学力しかない私が、大学の高度なカリキュラムがわかるはずがありません。

高校までは生活指導の先生や担任が様々なことでサポートしてくれましたが、大学では誰も助けてくれず、自分自身でなんとかする必要がありました。


「これはやばい！　やっぱり大学なんて自分には無理だ」と思い始めた矢先、とある講義に出会いました。不思議とその講義だけは私でもすんなり理解することができたのです。

その講義をする教授は難しい言葉を一切使わず、自分自身の経験に基づく話をされていて、教科書を読んでいるだけの他の教授とは明らかに違いました。

その教授との出会いが私の人生を大きく変えました。その教授は、元サントリー取締役で、ＴＢＳブリタリカで社長を務めた堀出一郎教授でした。実践から得られたノウハウを取り入れた講義で、そのどれもが新鮮でした。落ちこぼれの自分が、初めて講義で感動した瞬間でした。

這い上がっていく決意

堀出教授の講義を聞いていたときに、大学は社会に出るために必要な学問を学ぶところであると初めて気がつきました。多分ほとんどの皆さんはそう思って大学に入学していたかと思いますが、お恥ずかしい話ですが、私は堀出教授の授業を聞くまでまったく気がつきませんでした。

しかし、それに気づいたことで、やる気スイッチが入りました。いまでもハッキリと覚えている19歳の夏、私は人生の目標を立てました。

目標
20代〜30代：誰もが知っている事業・サービスをたくさん経験する（実績を積む）

40代：社会貢献活動を通して社会課題活動を実施する
50代：執筆活動に取り組み、論文を発表する
60代：教授会で推薦をもらい、教授になる

人生の最終目標は、教育者になって、自分と同じような落ちこぼれを教育し、社会に役に立つ人材を育てたいと、思うようになりました。

そのために圧倒的な実績を身につけて、ケーススタディを通して説明できるようになると目標を決めたのです。そして、その目標に向かって最下層から這い上がっていく決意をしました。

いま思い起こすと、この体験がなかったらと思うとゾッとします。見本となる先生を見つけ、その先生になれるように目標を設定したこと。これらが人生が変わるきっかけとなりました。

人生巻き返しのために始めたこと

まずは、社会に出て自分は何をしようかというところから考えました。どうせやるのであれば、人に負けたくない。でも、落ちこぼれの自分に何ができるのか？　常に自問自答していました。

ちょうどその頃、Windows95が発売され、世の中でパソコンやインターネットに一般の人が触れる機会が多くなり始め、注目を集めていました。

単純かもしれませんが、「これからはインターネットが最も重要」だと考えました。が、なにから手をつけていいかわからなかったので、とりあえず2つに絞ってやってみました。

2つの始めたこと
①パソコンの基礎を学ぶ
②最先端技術を誰よりも知る

まずはパソコンを理解するために、パソコンの部品をバラバラに販売している秋葉原のショップに行き、部品からパソコンを組み立てようと考えました。ところが、まったく知識がなかったのでわからないことだらけ。大量にある部品、そしてメーカー。どれも見たことがない、聞いたことがないものばかりでした。

そんな私がまず何をしたのかというと、わかる店員さんに聞きました。

「パソコンを作りたいのですが、どんな部品を変えばいいですか?」と聞けば、かなり丁寧に店員さんが教えてくれます。書籍で勉強するよりも、一番早くて、しかも実践的。まったくのど素人だった私がパソコンに必要な部品や構造、そしてメーカーごとのパーツの相性などを、たった1日で学ぶことができました。

パソコンの部品をひと通り買い集め、あとは組み立てるだけです。店員さんに言われたことを思い出しながら組み立て、わからない箇所があれば都度電話をして、対応方法をアドバイスしてもらいました。

組み立ては順調に見えましたが、完成間近で問題が発生しました。電源は付くのですが、モニターに画面が表示されない現象が起こったのです。

マザーボードに設置されている発光ダイオードは光っていて、ファンも回っているので電気は流れている。それなのになぜかモニターに出力されない。モニターとパソコンをつなぐためのケーブルの断線や、グラフィックボードの故障かもしれないと、秋葉原のパソコンショップに持っていき、交換をお願いしたが、それらはすべて異常がないことがわかりました。

いったいどこに原因があるのかと、店員と話をしながら、問題点を一つ一つ洗い出し、検証していく作業を地道に続けました。すると、「電源ボックスかもしれない」と店員さんが言い始めました。

その言葉通り電源ボックスを交換したところ、無事に画面が表示されました。電源ボックスの故障による電力不足で、パソコンが正常に動くための電力を十分に供給できていないことが原因でした。そうしたやりとりを続けていると、パソコンの基本的な知識や、トラブルが発生したときに、どう課題を解決していくのかを学びました。

始めたことの2つ目は、最先端技術を誰よりも知ること。

大学の図書館で確認できる新聞を毎日チェックし、ITに関連するニュースが書かれている箇所をコピーしたものを大学ノートに貼り付ける。そしてそこに書かれている内容をすべて理解し、わからないことがあればすべて調べるようにしました。

なぜその作業したかと言うと、新聞に書かれている最新のニュースは、大学教授や他の人たちも同じタイミングで情報入手することになります。先に情報を入手しているものがあったとしても、すべてをカバーすることは難しく、ほぼスタートラインは同じ。逆に最新情報を常にアップデートし続け、この作業を一生懸命やり、誰よりも知識をつければ、他の人に勝てる可能性が高いと判断しました。

英語や数学といった教科に関してはすでに上位の人に追いつくのは非常に難しい。それらを急ピッチで勉強したとしても、遅れを取り戻すだけでもかなりの労力を費やします。同じ労力を費やすのであれば、最も勝てる見込みの高い「常に最新情報を把握する」ことに労力を集中させることが一番社会に出たときに役に立つ＝成功する確率が高いと考えました。

実際にやってみると、その作業は非常に辛いものでした。

朝8時に大学の図書館に行き、すべての新聞を毎日チェックします。その中からＩＴに関連するニュースをすべてコピーし、タグづけしてノートに貼り付けます。そのデータはすべてExcelデータにも落とし込み、自分が調べたいときに瞬時に情報が調べられる独自リストを構築しました。わからないことは調べて、ノートにも書き込みました。

最初はわからないことだらけなので、1日3～4時間新聞とにらめっこし、辞書を片手にわからないことを調べる時間が続きました。

サークルで飲み会をしたり、みんなで旅行に行ったりといった時間は一切なく、すべてをこの作業に費やしていました。おかげで大学の先生よりもＩＴ業界に詳しく、常に最新の情報が頭の中に入るようになりました。

最新の情報やテクノロジーを理解していると、講義での発言や、資料のアウトプットの質が格段に変わりました。情報のインプットとアウトプットは比例すると理解して、毎日のように情報を収集する癖をここで身に付けました。

とはいえ、この2つのことが私の社会人人生に大きく役立つとは、このときは知る由もありません。

実績を積むために自ら考えて動く

いよいよ、社会人人生がスタートです。

一番最初に入社した会社は数ヶ月で退職し、その次入社したのがソフトバンクでした。今となっては誰でも知っている大企業ですが、私が入社した当時は、ほぼ業界の人しか存在を認知しておらず、母親に「銀行に就職するの？」と言われたほど、一般の人からは無名の会社でした。

しかし、私自身はインターネットがこれからの主要なビジネスになると考え、その中で一番を取れる可能性が最も高い会社で自分自身を磨きたいと思い、ソフトバンクに入社しました。

ソフトバンクに入社して初日の説明会が終了すると、所属する営業部へ到着。てっきりメンターみたいな人がついていろいろ教えてくれると思っていたのですが、中途採用ということでそのまま放置されました（笑）。当時のソフトバンクは急成長の企業で、研修制度などは今ほど充実していなかった頃でした。

普通の新人であれば指示を待つ人も多いと思うのですが、私自身は最初から会社は自分自身が成長していくために実績を積む場所だと考えていたので、まずはいろいろなことをヒアリングすることから始めました。当時はたばこルームで話が決まることも多く、私はたばこを吸わない人でしたが、情報収集のためにたばこルームに入り、営業の先輩たちから情報を収集しました。

すると、さっそく課題が見えてきました。営業先から帰ってきたときに入力するExcel

のフォーマットのルールが明確ではなかったため、入力ミスが多発し、案件が見つからない、二重登録されているなどの問題が発生していました。

そこで私が提案&作成したのが、管理データベースです。課題であった入力ミスや、単純ミスなどを防ぐために、それまでExcelで管理していたやり方を変えて、それらのデータをルールに従ってデータベース化し、検索できるような仕組みを作りました。

なぜ、入社して間もない新人にそんなことができたのでしょうか?

それは大学生時代の情報収集作業のおかげでした。以前チェックした新聞記事でFileMakerというデータベースソフトのリリース情報を覚えていたからです。データベースを作ったこともない私が、瞬時にこのアイデアを出すことができたのはそのインプットのおかげでした。

もちろん、すぐに作れたわけではありません。全くやったことのない作業ばかりでしたが、本を読み、インターネットで検索をして、データベースを作り出すことができました。

私自身はこうやって、誰も考えていない、誰もやったことのないものを形にしていくことに、喜びを感じるようになりました。

そうして次々に新しいことを企画提案していくうちに、営業部から事業企画やマーケティングの部署に異動することになります。

この異動も他社のプロモーション状況を徹底的に分析し、会社としてこうあるべきだ！と強い信念を持って提案したからこそ、それを実施するチャンスをいただきました。毎日が刺激的だったのを覚えています。それから新規事業などを実施する部隊に異動し、サイバー大学の立ち上げなどを経験していきます。

そんななか感じていたことは、これからはモバイルの時代になるということでした。そして、そのときにコンテンツが非常に重要になると考え、エンタメ業界でシェアがナンバーワンの企業だったＴＳＵＴＡＹＡに転職を決めました。

ソフトバンクといえば「なんでもやっている」というイメージはありますが、実はコンテンツに関するノウハウは非常に弱い状態でした。だから、ソフトバンクに次に必要なのはコンテンツだと確信して、２年後には戻ってきますと人事に伝え、転職したのです。

ＴＳＵＴＡＹＡでは日本初のサブスクリプションサービスの立ち上げを行っていまし

た。今となっては当たり前ですが、その当時はサブスクリプション（聴き放題サービス）という概念が、まだエンタメ業界に浸透していないときだったので、立ち上げには非常に苦労しました。

とくに大変だったのは、楽曲調達とＪＡＳＲＡＣとの交渉です。当時はオリコンで紹介される楽曲がエンタメ業界の売上をほとんど占めていたので、その楽曲を調達できなければ売上はほとんど見込めないという状況でした。

また、業界のルール通りに再生回数に応じてＪＡＳＲＡＣに支払いをしていたら、お金がいくらあっても足りませんでした。弁護士と協議しながら、ＪＡＳＲＡＣ側などとも調整をするなど、非常に苦労が多かったです。

しかし、これらの作業を通じて、様々なレコードメーカーや配給会社、アーティストとのパイプができ、ノウハウが確実に蓄積されていきました。

そんなとき、アメリカでiPhoneが発売されました。

真っ先に海外の友達経由で端末を入手し、触った瞬間に、これだ！と感じました。これが日本で発売されたら、ＩＴのビジネスモデルが大きく変わるに違いないと確信を持ちました。

そんなiPhoneを手にしながら、淡々と仕事をこなす日々を過ごしていた折、サービスのプロジェクトが解散することになりました。そのタイミングでソフトバンク人事部から飲みに誘われ、企画で人員公募が出ていることを知り、翌々月にソフトバンクへ復帰することになりました。

最初はエンジニア採用で、フェリカ、GPSなどを活用した企画やサービスを考える仕事をしていましたが、その後部署ごと法人に異動になりました。当時の私は法人系の仕事よりも、コンシューマの仕事に興味があったため、異動希望を出しましたが受け入れられるはずもなく、そのまま法人に異動となりました。

通常、大企業の場合は、個人の意見が異動に反映されることはなく、人事や上司が決めた通りに、事が進み、そこに従うのが一般的ですが、私は少し違いました。

まず、**一番異動したい部署のことを調べ、その部署がどんなサービスを立ち上げ、どんなサービスが弱いのか、何をすべきか、何をすると売り上げがあげられそうか、というこ**

とを自分なりに分析して（今となっては非常に恥ずかしい分析ですが）、その部署の1番偉い本部長にアポを取り、プレゼンしに行きました。そのとき、「この提案内容が通らなければ私は会社を辞めます」と伝えました。プレゼン内容のデキはよくなかったと思うのですが、熱意が買われたのか異動することができました。

しかし、異動したのは通常の部隊とは少し違いました。何やら新しいプロジェクトをやるチームらしく、とりあえずミーティングに参加すると、そこで運命の出会いをします。iPhoneです。私が世界を変えると1年前に思っていた端末の担当に自分がなれる機会がやってきたのです。

その話を聞いたときに、自分はこの端末を普及させることに命をかけて全力で取り組もうと決意しました。これが自分にとって過去最大の良いケーススタディになると考えたからです。そして、日本のビジネスを変えるきっかけに必ずなると確信を持っていました。

皆さんはiPhoneが日本で発売された当時のことを覚えているでしょうか？

今となってはiPhoneは非常に人気のある端末ですが、当時はそれほど人気のない端末でした。社内では「スマートフォンは流行る」と孫さんがよく言っていましたが、社内のメンバーや一部メディアは懐疑的な状況でした。

様々なメーカーがスマートフォンのような端末を販売しましたが、なかなか結果が出せていなかったので今回もあまり売れないだろうというのが大半の意見でした。当時はシャープやNECなどの端末担当が花形で、iPhoneのような新参者のスマートフォン担当は日影部署的な存在でした。

がんばってきた経験が役に立つ

iPhoneが発売した当初いくつかの課題がありました。ワンセグが視聴できない、防水ではない、カメラ機能が低い、おサイフケータイが使えないなど。その中でも致命的だったのが、使える日本語のアプリがほとんどないことでした。この致命的な問題を解決すべく、アプリを獲得するための手法として、3つのことを実行しました。

アプリ獲得で実行した3つのこと

①アプリを出す企業を増やす
②エンジニアを育成する
③アプリを作りやすい環境を整える

1つ目は、様々なサービスを提供している企業に対して、アプリケーションの開発を促し、アプリをリリースしてもらうことを実施していました。

しかし、交渉はかなり難航していました。理由はビジネス規模を明確にできないからです。

必ず聞かれるのは、どれくらいiPhoneは売れているんですか？　どれくらい販売する計画ですか？　ということ。当たり前です。ビジネスの市場規模がわからなければ、どれくらい投資していいのか、そもそも参入する価値があるのかさえ判断できません。

そのデータがない中、アプリを出してもらうためには情熱を注いで口説き落とすしかありませんでした。しかし、その情熱が伝わり協力してくれる企業が少しずつ増え始めて、メディア、カメラ、新聞、書籍などのアプリが続々リリースしていきました。徐々に企業が協力してくれるようになったのですが、とくに爆発的に成長したのがゲームでした。

私は1日18時間ゲームをやるほどのゲーム好きだったので、ゲームについての知識は非常に豊富でした。そのため日本語アプリの獲得の際、その知識が非常に役に立ちました。例えば、『メタルギアソリッド』のアプリケーションが出るときには、コナミと連携して共同で記者会見をするまでに至りましたが、その過程でいかに自分自身が『メタルギアソリッド』を愛しているかを熱く語りました。『メタルギアソリッド』のほかにも『ポリスノーツ』『スナッチャー』などの小島監督作品の中に登場する人物が話すセリフを、ほとんど暗記していたので、それを話すことで担当と盛り上がりました(笑)。

そういったゲームに対する熱い情熱があったおかげで、協力者が増え、人を動かすことができ、日経BP社が主宰する東京ゲームショーなどでブースを用意していただいたり、ファミ通編集部に協力してもらい『ファミ通iPhone』を発行してもらえるまでに成長しました。学生時代に私がゲームをしていたときに、先生には**ゲームなどは何の役にも立たないと言われましたが、10年後にまさかこのような形で役立つとは思ってもいませんでした。**

2つ目は、アプリを作れる技術者を育成すること。

これも大事なことでした。どんなにいいアイデアがあっても、アプリを作れる人がいなければ、何も始まりません。

私は多少パソコンの知識があったことと、学生のときにプログラムを勉強していたので、エンジニアがどういうことに困っているのかが理解できたので、それらをサポートするためのプログラムや、イベント、セミナーなどを企画できました。当時、日本全国を股にかけ、ほぼ毎週どこかでイベントやセミナーなどを実施しながら、エンジニアをサポートし、コミュニティなどを形成していきました。

そして、最も重要だったのが、3つ目のアプリを作りやすい環境を整えるためのデータ収集でした。

当時アプリのダウンロード数やどんなジャンルのアプリが、どれくらい世の中に存在しているのか、などはほとんどの人が知りませんでした。iPhoneのサービスは、基本アップル社が提供しているサービスのため、通信キャリアである我々側にその情報はありません。

そこで、私はアプリ企業が安心してアプリを出せるように、アプリのデータを個人的に収集・分析し、そのデータを提供することで、アプリの開発に生かしたり、プロモーションなどに活用してもらえるような工夫をしました。

アップル社しか知り得ないデータをどうやって収集していたかというと人力です（笑）。App Storeに新作アプリが出たタイミングで、すべてのアプリページをチェックし、そのアプリがどんなものなのかをExcel上に記載。日本中にどんなアプリケーションが存在しているのか、そのアプリはどういったプロモーション、どれくらいのダウンロード数が見込めるのかなどを自分なりのロジックを組んで計算し、1日200個以上のアプリケーションをチェックするという作業を約5年間365日毎日繰り返しました。

正直この作業は心が折れそうになったこともありました。誰からも指示されたわけではなく、誰からも評価もされず、誰にも見られることのない作業を、たった一人で日々黙々と続けました。

すべてはiPhoneを世の中に広げるために、より多くの人が使って、日々の生活を楽しくしてもらえる環境を整えるという**目標があったから、やり遂げることができました。**後にApp Annie社のようなアプリデータ会社が登場し、日本の企業にも受け入れられるようになり、ようやくこの作業から開放されるようになりました。

とはいえ、この作業から非常に大きな副産物を得ました。それは、アプリに関する知識がつき、どんな技術を使えば、どのようなアプリが作れるのか、アップルの規約を遵守しながら新しいことをどう工夫をすればリリースが可能なのかが、すぐにわかるようになりました。大学時代に一人で黙々と新聞記事を集め、データを収集するという癖がついていたことが、ここでも生かされていました。

アプリは様々な企業から出てくるようになり、エンジニアも順調に育ってきました。最後の課題は、世の中の人にもっとiPhoneを知ってもらうことでした。

そのためには、メディアでの露出が絶対的に必要でした。当時、人、リソースや、費用も限られているため、自分自身でやるしかありませんでした。メディアに対して企画を提案して掲載してもらうという、今まで経験したことのない作業をすることになりました。

テレビ局に出向いてはプロデューサーの方と話をして、番組に取り上げてもらえるよう交渉したり、雑誌の企画を考えたり、メディアに取材の依頼をしてみたりなど、iPhoneが露出するための方法を試行錯誤しながら実行していました。深夜から始める企画会議に呼ばれたらすぐ向かい、深夜に撮影があれば参加するということを繰り返し、テレビ番組の中でiPhoneのコーナーができたり、アプリを紹介する番組が出てきて、その中で紹介されたアプリの瞬間ダウンロード数が、世界最高を記録したのは非常に嬉しかったです。


社会人になると、学生時代から培ってきた経験が発揮されました。

日々毎日データを収集し、努力し、誰よりも人一倍情熱をかけながら、考えを巡らす。発生した課題をどうやって解決し、それらを解決するためにはどんなことをすればいいのかをひたすら考え、それを実行し続けてきました。

学生時代には無駄に思えたことでも、何がきっかけでその経験が役に立つかなど他の人にはもちろん、自分でもなかなかわからないと、改めて強く感じます。

第2章

何度しくじっても大丈夫

成功の裏には数々のしくじりが……

社会人になってからの話はトントン拍子に成功したように見えるかもしれません。それは実は良い結果の部分だけをお話しししているからです。一見すると、華麗な成功ストーリーに見えても、その裏には失敗に失敗を重ねているというのはよくある話です。

私自身もここまで述べてきたストーリーの裏に数多くの失敗を経験しています。その失敗を通して、いろいろなことを学び、その経験を生かして今があります。

失敗するということは大変苦しいことではあります。だけれども、その苦しい経験から生み出された新しいノウハウは着実に自分の中に蓄積され、確実に次の人生へとつながってくるはずです。

もし会社で失敗してしまい、仕事先や、会社の中で上司などに怒られている人は、自信を持ってください。それは自分が生まれ変わる、成長するチャンスだ！と。

私がどんなしくじりを重ねて今があるのか、この章ではそのお話をしたいと思います。

しくじり① 天狗になる

第1章で書いたように、ソフトバンクに入社してしばらく経つと、やっていたことがある程度評価されるようになりました。その結果、ある一定の権限を自分自身が持てるようになったのです。26歳という若い年代で、月数千万円のプロモーション予算を与えられ、自分の判断で様々なことができました。

そうなったとき、私がどうなったかというと、天狗になりました（笑）。

自分自身がすごい、イケてる人だと勘違いしてしまい、本社で企画の自分が偉い立場にあるという錯覚に陥っていたことに気づかず、自分の実力を過信したまま、月日を重ねていました。

当時、人に対してどのように接していたかというと、自分より能力が低いと思った瞬間に、もしくは自分の思惑通りにならなかった場合に、威圧的な態度をとり、力ずくで作業をやらせるというようなことをしていました。

そうなるとどうなるか、周りからの信頼や、信用を徐々に失っていくのです。しかし、そんな信頼は必要ないと考えていたため、気にも留めていませんでした。

徹底的にデータを収集し、中途半端に実力があったからこそ、私を論破できる人もいなかったため、完全に裸の王様状態でした。私のことを嫌っている人は社内に多かったと思います（笑）。その当時の人たちにもし会うことがあったら、本当にひたすら謝りたいです。それぐらい性格が悪い、ダメなヤツでした。

しくじり②　井の中の蛙大海を知らず

その流れのままソフトバンクを辞めてＴＳＵＴＡＹＡに転職をしました。当時のＴＳＵＴＡＹＡは非常に能力の高い人たちが多く、社員一人ひとりのスキルが非常に高い会社でした。

とはいえ自分もソフトバンクで新規事業を経験していたし、マーケティングも含めて実績があると自負していたため、当然ＴＳＵＴＡＹＡでもさらに大活躍できると大きな勘違いをしていました。

ＴＳＵＴＡＹＡに入社すると、ソフトバンクでの経験を買われて音楽配信事業で新しくプロジェクトが立ち上がるところにジョインし、新規事業の仕事をするようになりました。そこで与えられた最初の仕事が「ＲＦＰを作ってほしい」というものでした。

私はそのときに「それって何？」と思い、ウェブで調べて自分なりにＲＦＰを作りましたが、これがとんでもないレベルの低さでした。今思い返してみても、とても恥ずかしくて外に出せないようなレベルです。アウトプットの質の低さや専門用語が通じていないのが相手に透けて見え、「こいつ実力ないんじゃないの？」という雰囲気が社内に蔓延し始めました。

「資料って作ったことあるの？」と言われ、「もちろん、あります！」と答えました。ソフトバンクではそれなりの資料を作っていた自信はあったのですが、実は資料としてのクオリティは低かったことに自分自身は気づいていませんでした。ＴＳＵＴＡＹＡの人が作る資料と私の資料では質が違いました。

私の資料はロジカルに説明できていないものが多く、感情や想いだけで説明するものがほとんどでした。威圧的な態度で相手を動かせたソフトバンクでの状況とは違い、スペシャリストが揃っている集団の中では、感情や想いだけではまったく歯が立ちませんでした。

実は、ソフトバンクとＴＳＵＴＡＹＡでは仕事のやり方がまったく違っていたのです。私がソフトバンクを退職するときには、かなり大きな会社になっていたため、業務が細分化されていて、一人がやる作業範囲や役割範囲が限定的でした。

一方、その頃のＴＳＵＴＡＹＡはベンチャースピリットがある企業だったため、一人に求められる作業量や役割範囲が非常に広く、必要とされるスキルセットが多種多様でした。大手のぬるま湯に浸かっていた私はまったく使いものにならず、指示された作業をギリギリこなすだけの人になってしまいました。

すっかり「ダメ」の烙印を押されてしまった私は、本当は辞めてしまいたい気持ちをグッとこらえて、こう思うようになりました。「ここでしがみ付いて勉強し、ノウハウを吸収してやる」と。

しかし、気持ちとは裏腹に最終的に行き着いたのはコピー機の印刷でした（笑）。経営会議の資料を準備して印刷したものを配るという仕事です。

「コピー機の使い方、知ってるの？」と聞かれ、「もちろん、知ってます！」と答えたのですが、実はそれすら満足にできませんでした。朝7時に出社し、資料を印刷して、ホッチキスで留めていると、「コピー機の使い方知らないの？」と言われ、「このボタンを押せば自動でホッチキス止めしてくれるんだよ。そんなことも知らないのか？」と怒られました。

衝撃的でした。ホッチキス止めの機能がコピー機に備わっていることをそのとき初めて知ったのです（笑）。

それだけではありません。ただ単に印刷のボタンを押しているだけなので片面印刷。ページ数が多くなり、全体が見づらいと注意されて両面印刷に切り替えると、瞬時に内容が把握できるように4画面にしてほしいと言われたり、ページをめくったタイミングで印刷が見えるようにしてほしいなど、次々注文を受けました。が、まったくやり方を知らなかったため、上司によく怒られていました。

会社としての方針もありますが、ソフトバンクでは、コピー機で紙を印刷するということはあまり経験していなかったため、印刷方法をまったく知らなかったのです。


そして印刷の次に振られた仕事が、議事録でした。

ＴＳＵＴＡＹＡの議事録は、だらだらと話した内容を記載するのではなく、事実関係を整理し、ひと目で何があったのかがわかる議事録を書くことが求められました。そのためには会議で話し合われた内容を正確に把握し、問題点は何で、誰が、いつ、何をするのかということを、わかりやすく記載する必要がありました。

当時、専門用語をまったく把握していなかったのと、経営会議の難しい会話をすべて把握し、それらを議事録に落とし込む作業は非常に困難でした。議事録は速報性が求められるのに、それを作成するのに5時間以上かかっていました。毎日、毎日、数時間怒られ、ダメ出しをされる。今までの社会人人生で初めての経験でした。

しかし、いま思い返してみれば、1日数時間怒ってくれるなんて、本当に良い上司だったと思います。育てようと本気で思ってくれていなければ、それだけの情熱と時間をかけて怒ってくれません。のちに自分も経験しますが、部下を怒ることは非常に体力を消耗しますから、本当に感謝しかありません。

毎日議事録を作り、毎日資料を作り、毎日怒られる。これを繰り返していくと、ある変化が見られるようになります。

作業時間が徐々に減ってきて、同時に怒られる機会も減ったのです。経営会議の会話も理解できるようになり、それらをまとめて可視化することや、会議体でホワイトボードを活用しながら、議事進行、ファシリテートができるようになりました。

この経験を通して、いま起こっていることを正確に把握し、それらをロジカルに分析しながら、情報を整理し、アウトプットを出すというスキルが身につきました。そのスキルセットが備わったことで、その後新しいプロジェクトにアサインされても、情報を把握・整理し、問題・課題を解決するためにはどうすればいいのか、誰が何をするべきなのかなどを瞬時に把握できるようになり、非常に速いスピードで資料を作れるようになりました。

しくじり③　再び天狗になる

ＴＳＵＴＡＹＡで身につけたスキルは、ソフトバンクに復帰したときに非常に生きました。iPhone端末の担当になったとき、人生をかけてこの業務を成し遂げようと思い、今まで得たスキルを生かし、iPhoneが徐々に世の中に受け入れられ始めました。

ところが、また悪い癖が出てしまいました。再び天狗になってしまったのです。iPhoneが普及し始めてくると、社内で新しいiPhoneの案件が発生すると、必ず私に相談が来るようになりました。社内だけでなく社外の周辺機器メーカーや、アプリメーカーなど様々な方も相談してくるようになり、自分を中心に仕事が回っていると錯覚を起こすようになっていったのです。

ただでさえ性格の悪かった私がスキルまで身につけてしまったので、上司の言うことは聞かず、自分の言うこと、やりたいことは必ず通す。人の気持ちを考えず、簡単に踏みにじる。言い方も以前のように威圧的に言うのではなく、ロジカルに攻めて論破できるようになっていたので、以前の天狗より数倍たちが悪い状態でした。本当にこのときに一緒に仕事をしてくれたメンバーに対してお詫びして歩きたいくらい、非常に迷惑をかけました。

広報に黙ってメディアにアプローチし、ニュースの仕込みをしたり、特定の記者だけに情報を提供するなど、広報の部長などにもよく怒られた記憶があります。今思えば自分が会社に与える影響などを考えてもいませんでした。特に上場企業は株価に影響する可能性があるため、そういった情報を広報がコントロールしてくれていたこと、そして上司が実は裏側で私を守ってくれていたことを後で知ることになりました。その当時は、まったく気がつきませんでした。

そして第二次天狗状態のとき、東日本大震災が起こります。これがきっかけで人生感が変わり、会社を辞めることになります。

退社する前に3社ほど顧問や、アドバイザーの話などがありました。その3社の話があれば、ソフトバンク時代の年収以上の収入は確保できるため、喜んで会社を辞めました。

しくじり④　だまされて借金を背負う

しかし、そんなにうまく事は進みません。

3社のうち1社は退職をすると連絡がつかなくなりました。まぁ、そういうこともあるでしょうと思っていたところ、もう1社から、「すいません！　予算が確保することができませんでした」と言われ、焦り始めます。

そして、残りの1社！　なんと発注をしてくれました！

あるケースメーカーさんで、今でも実在しているメーカーさんです。依頼をされたのがプロモーションの仕事でした。雑誌に広告を出し、撮影してそちらに記事を出したり、什器を作って、店舗に設置するという仕事でした。こちらで撮影し、ポスターを作ったり、チラシを作ったりして、無事仕事が終了し、雑誌に広告が掲載されました。

ところが、入金日を1週間すぎても入金されず、メーカーの社長に電話連絡したところ、「何の話？」と突然言われました。

もちろん頭の中は真っ白です。これまでメールのやりとりをして、会議を重ね、広告枠まで押さえて仕事を完了したのに、発注した覚えはないと言われたからです。慌ててメールを見返してみたときに、やられた！と思いました。

こちらが送ったメールに対して返信は一切なく、返事はすべて電話のみで回答されていたことに気がつきました。契約書もきちんと結んでいなかったため、発注をもらっているという証拠は何もありませんでした。

当時は弁護士などの知り合いがいなかったため、誰にも相談することができず、泣き寝入りするしかなかったのです。撮影やポスター、チラシの作成、広告枠まで先にこちらで負担していたので損失は数百万円となり、独立して間もない私にはかなりの痛手となりました。

一緒に働いていたから、信頼しているからというだけで、ビジネスをするとこういう痛い目にあうこともあると、ここで経験しました。世の中には平気で人をだます人がいて、さらに私自身がこれまでやってきたことはソフトバンクという肩書き、後ろ盾があったからこそ、成立していたことに会社を辞めて初めて知ることになりました。

このときは、ソフトバンクを辞めたことを強く後悔しましたが、独立したからには自分自身で何とかしなければなりません。独立してしまうと、早急に損失の穴埋めをするため、新しい企画を考え始めました。

当時グランピングという言葉はまだ一般的ではなく、一部の人が知っている程度でした。個人的にキャンプが好きだったので、グランピングを流行らせようと考え、テレビ番組やイベントなどを次々に企画していきました。

最初に実施したのはソフトバンクの元上司に提案したグランピングを活用したキャンペーンでした。Yahoo!プレミアム会員向けのキャンペーンで、プレミアム会員の中から限定でグランピングツアーにご招待するというものです。

キャンプ好きの自分がやりたいと思うものを詰め込んで、アクティビティーツアーや無人島でのバーベキューなどの企画を考え提案したところ、一発で企画の承認がおり、Yahoo!のトップページで訴求してもらえるようなキャンペーンになりました。

また、大人の外遊びをテーマにしたアウトドアの番組を企画し、フジテレビのプロデューサーのところに何度も足を運び、提案をして、なんとこれも番組化が決定しました。

徐々にそれまでの負け分を取り戻すことができるようになってきました。

企画やテレビが順調に進み始めていたある日、大きなプロジェクトの話が舞い込んできます。かなり大々的なプロジェクトで、それなりに予算もかかりますが、チャレンジする価値はあると考えて実施を決意しました。

しかし、人生で一番の大失敗をここで犯すことになります。

なんとこの大規模なプロジェクト、またもや業者にだまされてしまい、とんでもない損失を被ることになります。以前だまされたときと同じで、知っている人だったので相手を信頼していたのがよくありませんでした。ここで背負った借金は数千万円にも昇りました。個人で返済するにはあまりにも大きな金額で、通常の稼ぎ方ではいつまでたっても回収できないと悩んでいました。

そんなとき、ある方が私にアドバイスをくれたのです。

私は今までは自分自身が企画をしたり、自分自身がイベントをしたり、自分自身が何かする働き方をしてきました。そうではなく、新しく何かを成し遂げようという志を持つ人を裏側でサポートする、「サポーター」という仕事が向いているのではとアドバイスを受けたのです。

それから「他人をサポートすることができるのだろうか?」と思いながらも、新規事業をサポートするという仕事をし始めました。これが人生の大きな転換期でした。

私が過去経験した多くの出来事が、他の人にとっては非常に有益な情報且つ、大手のコンサルティング会社には決して真似できない、自分にとっての強みであるということに気がつくことができたのです。今では裏側でサポートする「サポーター」という仕事に生きがいを感じています。

しくじりを乗り越える

もし、私が数ある失敗を誰かのせいにして、腐ってしまって、それで心が折れていたと

したら、チャンスを掴み取ることはできなかったでしょう。

どんなに辛いことがあったとしても、そこから逃げず、努力し続けたことが最終的に実を結ぶ。一見無駄なことに見えるかもしれないけれども、諦めず目標に向かって努力し続けるということが非常に重要だということを、私は自らの経験で身にしみました。

人は大きなしくじりを重ねて重ねて、ようやく自分自身が形成され、成功を掴み取ることができるようになるのではないでしょうか。しくじったときは辛いこともあるかもしれませんが、明けない夜はないと信じ、**諦めずに努力し続けることで、必ずいつか結果が残せるはずだと私は信じています。**

どんなに落ちこぼれても、どんなにしくじっても諦めずにチャレンジしたことで掴み取ることができた成功ですが、ただ単に諦めない、努力するというだけでなく、私自身がさまざまな経験を通して、大切だと思ったことを以降にまとめました。

それは、仕事への考え方と、作業の仕方、時間の使い方など、様々なテクニックです。これを知ること、身につけることでより成功する確率とスピードが高まると考えています。

次章以降では、次の5つのことについて深掘りしてお伝えしていきます。

［成功するために必要な4つの指針］

①思考を変える
②情報のインプットを増やす
③アウトプットの質を向上させる
④信頼を勝ち取る仕事のやり方

第3章

思考を変える

目標を持つ

目標持つことは非常に大事です。

なぜ目標を持つことが大事かというと、**目標は頑張るための栄養源になるからです。**目標があるからこそ、どんなに辛いときも、精神的に追い込まれたときも頑張れる、やり続けることができます。

私自身にも目標があります。

その目標を達成するために、日々生活を送り、仕事をしています。私がなぜ1つのことをがむしゃらに続けたり、辛い目にあってもやり抜くことができたかというと、目標があったからです。

人生の目標を初めて持ったのは19歳のときでした。

大学の恩師である掘出先生のように、落ちこぼれの烙印を押された学生を教育し、社会に出ていける、社会で通用する人材を育成するために大学の先生になろうと決意したことです。

そのためには圧倒的な実績を残し、誰もが聞いたことがあるサービスをベースに、実践から得られた教訓をカリキュラムに入れ込み、そして40代は社会貢献、50代後半からは大学の教育活動に専念したいと考えています。

また、今もう1つ新しい中長期的な目標として考えているのが、障害者の就労支援です。障害を抱える人たちが、働きやすい環境をいかに整えられるかということが、私の目標でもあり、使命だと思っています。25年には障害者就労支援事業を始め、30年にはグループホーム事業を国からの支援なく、自立して実施したいと考えています。

本当はいろいろな大企業でそれを実行しよう様々な提案をしてきましたが、企業にとっては障害者の事業をすることに非常にリスクがあり、経営層が本気でそうした社会を実現したいと思わない限りは難しいという結論に達しました。

だからこそ、最終的には自分自身ですべてを実施すると目標を立てました。必要な資金は誰の手も借りずに、自分自身で稼ぎ出し、ロボットやＡＩなどのテクノロジーを使って、障害者をサポートするサービスを自分自身で立ち上げると決めました。

目標を持つと何がいいのでしょうか。

いくつかメリットがあるのですが、そのうちの1つが、**人の妬みや感情、嫉妬、悪いこと言われたとしても、気にしなくなる**こと。そのようなことは目標の全体から見れば、些細なことだからです。

もう1つのメリットは、目標を持つと、その達成に必要な道が見えてくるので、**自分が何をすべきかが明確にわかる**ようになることです。

目標がないと、自分がどこに向かってどう進めばいいのか、わかりません。目標というゴールが見えるからこそ、人は前に進めるようになります。途中に何か余計な情報が入ってきたとしても、まっすぐに道を見ているだけで、そういったものに影響されず、ひたすら歩いていけます。

なので、この**目標を持つということが、成功に近づく第一歩**であると私は考えています。

なかには何をしたらいいのかわからない、どんな目標がいいのかわからない、という人もいるでしょう。実際、私の周りにもそういう人はいます。そんなときに私は、尊敬する人や、憧れの人を見つけて、その人に近づくという目標を設定してみてはどうでしょうか？　とアドバイスをしています。

新しいことにチャレンジしようとすれば必ず壁にぶち当たります。

そういったときに目標があることで、危機を乗り越え、またチャレンジし続けるという原動力を得ることができます。

短期的な結果を求めるのではなく、まず中長期的に考え、自分自身が20代、30代、40代、50代、60代になったときに、何を目指すのか、何を成し遂げようとするのかを、目標として設定することから始めてみてください。

【やり方】ノートにそれぞれ20代、30代、40代、50代、60代で、どんな人生を歩んでいきたいかを記載しておく。そして、時々そのノートを見るだけ。非常にシンプル。途中で内容を変更してもいい。目標が見つかると、辛い時も頑張れるようになるから！

目的を見つけよう。
手段は後からついて来る。

〜マハトマ・ガンジー〜

辛いときこそ笑顔になる

どんなに悲しいことがあっても、なるべく悲しい表情を作らないことを心がけるようにしています。

なぜかというと、**表情が暗くなると、どんどん気持ちが落ち込んでいき、自分自身の思考自体が本当に暗いものになってしまう傾向があるからです。**そうなると、悪い要素をどんどん引き込んでしまうようになります。そうならないためにも、なるべく笑うように心がけてきました。

仕事で失敗したとき、だまされたとき、心がドキドキするし、将来どうなってしまうのか？　と本当に不安な気持ちになります。私はそういうときは、テレビのバラエティ番組を見て、とにかく笑うようにしました。ときには、吉本興業の劇場に足を運び、コントや漫才を見て、大きな声を出して笑いました。

ポイントは、声を大きく出して、わざと表情を作って、笑うことです。

そうすると、自然と元気になってきて、次の日にはリフレッシュしている自分に気づきます。

最初は無理やり笑顔を作っていましたが、だんだん慣れてくると、すぐに笑えるようになりました。

そうなると、凹んでからの回復が非常に早くなります。

常に楽しそうにしていると、自分自身にとっても、周り対しても良い影響を与えられるようになり、チーム全体や会社の雰囲気が格段によくなります。

雰囲気がよくなると、仕事やプロジェクトのチームワークが良くなり、成功する確率が上がります。

とにかく辛いこと、悲しいことがあったら笑って笑顔になるということを、強く意識するようにしてみてください。

とにかく笑おう。
そしたら明日には、
元気になるよ。
キャハハハハハ
や

【やり方】夜、声を出して笑ってみよう。どうしても笑う練習ができない時は、好きな芸人を見つけよう！ そして、悲しいことがあったら、その芸人の映像を見たり、劇場に行ったりしてみよう！
笑顔になるとすぐに悲しいことを忘れられるようになるから！

幸運の女神は笑顔と
謙虚な人のところに近寄ってくる。

〜王貞治〜

マイナスに考えない

前項にも通じることですが、どんなに辛いことがあっても、マイナス思考にならないように気をつけています。

起こっている現象に対して辛い、悲しいと思ってしまうと、それがストレスになり、どんどん苦しくなってしまうからです。苦しいと感じてしまうと、仕事そのものに影響が出てしまいます。

やはり、**自分自身が楽しい気持ちでいなければ、面白い企画やアイデアは出てきません。**

だからこそ、私は今いる環境を少しでも楽しむということを意識するようになりました。

例えば、次の①と②の例を見てみてください。

①私は運が悪く、いつも信号が赤になり、踏み切りは必ず降りてくるんです。

②信号が赤になったし、踏み切りが降りてきた。この空いた時間で何をしようか。新しいアイデアを考えるか、タスクの整理を頭の中でしよう！

この①と②はまったく同じ現象なのですが、考え方の違いで、心理的な影響が変わるうえに、物理的な時間の過ごし方も違います。

①ではストレスばかりが溜まり、②では5〜10分、新しい企画を考える時間ができます。気持ちの持ち方ひとつで、これだけの差が生まれます。

心理的にもストレスを溜めず、すっきりした気持ちで仕事をできるのが一番です。**私はなるべくストレスを溜めないよう日々、マイナスに捉えがちなことをポジティブに変換するように訓練をしています。**

ただ、こういう考え方はできる人、できない人に分かれます。

マイナス思考からプラス思考に変わるためには何が必要なのか。それは私にはわかりません。なぜなら一人ひとり違うからです。こればかりは、自分で答えを見つけるしかありません。

しかし、必ず答えは見つかると私自身は信じています。

私自身はどうやってその能力を身につけたかというと、思っていること、考えていることをノートに書き、頭の中で整理していました。それを続けることで、物事をポジティブに捉えることができるようになりました。

どうしたらポジティブに考えることができるかわからない人は、動画で自身を撮ってもいいですし、やり方は何でも構いませんので、自分の思っていること、考えていることを吐き出してみてください。ひょっとしたら自分のストレスを発散し、プラス思考になれるヒントを得られるかもしれません。

また、人は後悔する生き物でもあります。後悔することもマイナス要素を生み出し、自分に悪影響を及ぼすリスクでしかないと認識することが大事です。

私は一瞬で数千万円を失ったことが2回あります。一つは業者にだまされて全財産を失ったとき、二つ目は知識もないのに先物取引に手を出したことです。

業者にだまされたときは、本当に苦しかった。全財産を失い、そして借金も背負い、不安しかない。なぜ、こうしなかったのか、あのときに戻りたいとか、いろいろと後悔しました。でも、こういう経験をしたからこそ、後悔し続けていても意味がないことを学ぶことができました。

一度過ぎてしまった時間は、戻すことができません。後悔に時間をかけるくらいであれば、その失敗を糧に、次はどうすればいいか？ 失敗した分を取り戻すためにはどうすればいいかを考えるほうが、前向きになります。

また、それらを考えることに時間を消費し、不安なことを考える時間がなくなるのも、非常に良い点です。人は不安なときに時間があると、どうしてもマイナスの方ばかりに考えが向かいがちです。だからこそ、別のことに時間を使うことが重要です。

この癖がついてくると、立ち直りが早くなります。負け分を取り戻すためにはどうすればいいかを考えていると、これが目標になります。目標ができると人は頑張れますし、前向きに時間を使えることが増えます。ですので、後悔をするという時間を少しでも減らせるように、努力してみてください。

今日はつかれたなぁ〜
zzzZZ
寝るが一番。
や

【やり方】後悔しそうになったら、失敗した理由と、そこで受けた損害を元通りにするためには、どうしたらいいかをノートに書いてみよう！ そしたら、あとは簡単！ その目標を目指して頑張ってみよう！ それができるようになると、後悔する頻度は減り、前向きに物事が考えられるようになるよ！

後悔するよりも反省する事だ。
後悔は、人をネガティブにする。

〜メタルギアソリッドのコメントより抜粋〜

運だけで成功は掴めない

こんなことを言われたことがありました。

「あなたが成功したのは、運がよかっただけだ」

「たまたまそのポジションが回ってきただけだ」と。

私ではない他の人のことを話しているときも、「あの人は運がよかった」とよく耳にします。果たして人は運だけで成功を掴めるのでしょうか？

その問いに対しての答えは、はっきり**「運だけで勝ち続けることは難しい」**と答えます。短期的な成功はあったとしても、中長期的な目線で考えたときに、運だけで立て続けに成功することは難しいでしょう。

運だけで成功しているように見える人でも、他人の見えない裏側で血の滲むような努力をしている可能性が非常に高いと思います。成功を掴み続けることは簡単ではありません。

成功論を説明する際、わかりやすくするためによく野球に例えます。ヒット（成功）する機会は、全員に与えられています。ただ、レギュラーになって、打席に立てるかどうか。そして、そのときヒットを打てるかどうか。

レギュラーになるためには、一生懸命練習して、そして監督に自分の力量をアピールする必要があります。監督が「こいつは安心できる」「使ってみるか」「何かやってくれそう」などの期待感を持ってくれてようやく打席に立つチャンスが得られます。

ただ、これでようやくスタートライン。次は、打席でバットを振らない限り、絶対にヒットになることはありません。さらに、打席に立って振ったからといって、必ずヒットが打てるわけでもありません。

私は今までいろいろな人とお会いしてきましたが、まず打席に立とうとしない人、打席で振らない人が非常に多いです。今日は体調が悪い、道具の調子が悪い、理由は様々。せっかくヒットを打つチャンスを与えられているのに、そのチャンスを活かそうとしないのです。

それは、自信がなくて失敗を恐れているからではないでしょうか。

ヒットを打てる確率を上げるためには、練習によって体力や技術力を磨かなければなりません。自分ならヒットを打てる！　そう自信を持てるほどの日々の努力、練習をしてきたからこそ、打席に立ち、バットを振り、見事にヒットを打ち、チャンスをものにすることができるのだと思います。

全米で活躍したイチロー選手はこう語っています。

〝努力せずに何かできるようになる人のことを「天才」というのなら、僕はそうじゃない。努力した結果、何かができるようになる人のことを「天才」というのなら、僕はそうだと思う。人が僕のことを、努力もせずに打てるんだと思うなら、それは間違いです。〟

あれだけの選手ですら、毎日練習をして、毎日努力をして、初めてヒットが打てるようになる。そうした日々の積み重ねがあることで、成功する確率をあげる事ができる。

ただし、努力をしただけでは、ヒットは打てません。そこには自分なりの野球理論や、考え方、戦略などが必要です。これらは野球の世界だけではなく、すべてにおいて共通していると私は考えています。

【やり方】毎日努力を欠かさず、チャンスを待とう。そして、チャンスが訪れたときには、迷うことなく努力の成果を試そう！　うまくいかなくたって、それを糧にまた努力すれば、前に進んでいるんだから！

進まざる者は必ず退き、
退かざる者は必ず進む。

〜福沢諭吉〜

やり抜く

どんなことも**一生懸命に最後までやり抜くことが大事です。**他人から批判されたくらいで、諦めているようだと成功する確率が低くなります。

なぜ、やり抜く必要があるのでしょうか。理由は2つあります。

1つ目は協力者を獲得できるという点です。

何かを成し遂げるためには、ときには一緒にやってくれるメンバーや仲間が必要になります。そうした協力者を獲得するためには、誠心誠意込めて仕事する必要があります。そうした姿は必ず誰かが見てくれていて、何かあったときに、助けになってくれるのです。

人は見てないようで実はよく見ているものです。そして、頑張って一生懸命やっている人に対しては応援しよう、助けてあげようと思ってくれるのです。

2つ目は一生懸命やり抜くことで、それが**必ずスキルとして自分の中に残っていく**からです。

頑張ったことは、5年後か10年後か、いつになるかはわかりませんが、必ず自分に返ってくるものです。だからどんな些細な仕事でも、どんなに無駄だと思われる仕事でも、私はとにかく一生懸命作業しました。

なかには、「こんな無駄なことして何になるの?」と言う人もいましたが、それは短期的に見るとそう見えるかもしれませんが、中長期的に自分自身のスキルアップにつながると考えれば、決してその作業は無駄にはなりません。

仮にアウトプットのクオリティが低かったとしても、やり抜いたことが自信にもつながるし、いつかそこにクオリティも伴ってきて、未来の自分に必ず返ってきます。

【やり方】とにかくやりきる！ 一生懸命やる！ 心が折れそうな時は上司や友達、先生に相談しよう。必ず助けてくれるはず。やり抜く経験を積み重ねることで、信用力とスキル、そして自信という経験値を手に入れよう！

努力が人よりも続けられる人は
必ず成功する。そして努力の方法が
分かってる人は大きく成功できる。

〜本田圭佑〜

情熱をかける

1日数時間かけて、数百のiPhoneのアプリをダウンロードして分析し、それをデータベース化していたとお話ししましたが、これらは誰から言われたわけでもなく、自分で必要だと思い、やっていたことです。

よく人からなんでそんな無駄な作業しているのか？と言われましたが、この積み重ねたデータの数々を、開発ベンダーやiPhone普及に協力をしてくれるエンジニアなどに提供することで、日本に少しでもアプリサービスを増やそうという思いがありました。そんな思いや情熱がなければ、こんな作業は長くは続きません。

そんなある日、「来月からiPhoneの担当者を外れて、シャープの端末を担当しなさい」と指示がありました。しかし、私自身がiPhoneの業務を外れてしまったら、誰がiPhone普及を裏側で支えるんですか？誰がＫＤＤＩやドコモからiPhoneが出たときに、それに対抗しうる戦略を考えられるんですか？　誰がiPhoneのアプリについて問い合わせがあったときに的確に回答できる人がいるんですか？　絶対に折れない信念を持ち、統括部長と2時間以上の討論の末、最終的になかったことになりました。

私はiPhoneを日本中の人に使ってもらうために何でもやるという覚悟を持って、命をかけてもいいと本気で思っていました。そういった**気迫は必ず相手に伝わり、人を動かします。**

またある日、メタルギアソリッドのプロモーションに全面的に協力することを、コナミ役員の前で約束してしまいました。このゲームアプリの本格リリースが実現すれば、必ず各ゲーム会社の開発も急ピッチで進むし、必ず時代が動くと確信していたからでした。

しかし、ソフトバンクショップをジャックしたり、ケースやノベルティ、販促物などを含めると相当な金額になります。そんな大事なことを本部長も統括部長も同席していない場で、独断で決めてしまったため、必ず実施しなければなりません。しかも、あと一週間で承認が得られなければ、全体スケジュールが間に合わない状態でした。まさに背水の陣。私はすぐさま説得するための資料を作成し、プレゼンの時間をいただきました。

そのときの気合いの入れ方は半端ではなかったです。会議室に到着した瞬間、「本日は承認をいただくまで皆さんをここから一歩も出しません」と伝えてからプレゼンを開始しました。もちろん、内容含めて前代未聞のことだったので、すんなりOKが出るはずがありません。「もう一度出直してこい」と言われましたが、「イヤです、今日決めなければならないんです！」と言って、プレゼンを2時間も続けていました。最後は役員が根負けして、企画の承認を勝ち取ることができました。

ここでお伝えしたいのは、**多少欠点があったとしても、徹底的に考え、情熱を持って臨めば、その姿勢は必ず相手に伝わるということです。**

ただ、勘違いしないでいただきたいのは、情熱だけではダメです。

どうすれば良い結果を生むことができるのか、その戦略などが必要です。数字的根拠となるデータを集め、可能な限り自分なりに分析したものとセットにすることで初めて、情熱はその価値を発揮し、成功する確率が上がってくるはずです。

【やり方】やっていることを好きになってみよう。好きになる努力をしてみよう。嫌いになると、情熱が入らないから。その仕事を通して、何を成し遂げたいのか、目標を立ててみよう。そうすると、徐々に情熱や思いが出てくる。そして、そのことについて徹底的に勉強しよう。情熱と知識があれば、必ず人は動いてくれるよ！

情熱を持つ１人は、
情熱を持たない100人に勝る

〜ウォルト・ディズニー〜

得意なところを磨く

自分は他の人と比べて何が得意なのか。それを発見することは非常に重要です。もし、何もないと思う場合は、訓練して他人より優れている部分を作る必要があります。理由は2つあります。

1つ目は、**人は得意な部分があれば、自信が持てる**ようになるからです。得意な分野の領域に関する会議などになれば、発言する機会が増え、発言自体のクオリティも高くなるはずです。発言に自信や情熱といったものがにじみ出て、周りの見る目も変わるでしょう。

そうなれば、会議をコントロールし、主導権を握ることが可能になります。特に上司はそういうところをよく見ています。

2つ目は、そうした発言によって、**「あいつは、あれが得意なんだ！」と印象づけられる**ことです。

自分の得意分野、興味関心がある分野を定期的にアピールすることで、上司の脳に記憶として定着させ、新規プロジェクトが立ち上がった際に、声がかかる可能性が高くなったり、打席に立たせてもらえる確率を上げることにつながります。

第1章で述べたように、私自身も大学時代まではゲームくらいしか取り柄がなかったと思います。そこから目標を持ったことで変わり、ＩＴ分野の情報を集めるようになったこと、それが強みの原点になっています。iPhoneのアプリの情報集めも、この大学時代のことが踏襲されていると言っていいでしょう。

そして、これは今でも変わりません。iPhoneのアプリを集めているわけではありませんが、今でも最新技術を含めた様々な情報を世界中から集め、自分の得意分野を磨き続けています。

皆さんもぜひ、得意分野をつくって磨いてください。絶対に活かせるときが来るはずです。

特技をみつける。そして、磨きあげる。

えっ ないよ。
特技か….
作るか!!
楽しいほうがいいし。

【やり方】自分の得意なことを見つけ、磨き上げてみよう！ SNSや、会議で情報発信してみよう！ それがどんなことでも構わない。それがみんなに伝わると、いつかチャンスが巡ってくるぞ！

人生は「得手に帆をあげて」生きるのが、最良である。

〜本田宗一郎〜

他人を気にしない

新しいことを成し遂げるためにはこの「他人を気にしない」という考え方は必須です。『嫌われる勇気』（ダイヤモンド社）という書籍が大ヒットしたことからもわかるように、世の中の多くの人は他人からの評価が気になってしまうものです。

でも、**他人のことを気にしすぎたり、批判やコメントなどを気にしていると、新しいことを成し遂げることは不可能です。**

新しいことを始めると、必ず批判する人がいます。社内で攻撃されたり、時には嫌がらせを受けることもあります。しかし、多少の批判があったとしても、自分自身がやりたいことを最後までやり抜き通すことが非常に大事です。

批判などを受けて挫けてやるべきことを変えていては、何も生み出せないし、成功する確率は下がってしまいます。

相手の意見に耳は傾けつつも、納得いかないものであれば取り入れる必要はありません。仮に、納得いかない意見が上司の命令だったり、会社の考え方だった場合は、自分の信念を曲げるのではなく、まず相手の説得を試みることです。

もし、それが受け入れられなかったら退職して早く自分が生きやすい環境に移ったほうがいいと私は思っています。無理してまで自分を曲げてやる必要はないし、貴重な時間をロスしてしまいます。

ただし、注意が必要なのは、感情的になったり、ロジックが崩壊していたりするのに、意見を聞き入れないというのは誤りだということです。むしろ、そうした場合は、アドバイスをどんどん吸収し、他人の意見をうまく活用したほうが、成功の確率は上がっていきます。

別にいいも〜ん。
おれは楽しいから。
他人は他人。
自分は自分。
ATフィールド
全快!!
や

【やり方】「同じ人間だけど、考え方は人それぞれあっていい。他人は他人。自分は自分」と考えるようにしよう。全員が同じ意見なんて逆に気持ち悪いと思えば、きっと気も楽になると思うよ！

人から批判されることを
恐れてはならない。
それは成長の肥やしとなる。

〜トーマス・エジソン〜

意見を持ち、発言する

会議などの場では可能な限り発言してください。

発言しなければ会議に参加している意味がありません。自分の意見や感想をきちんと持って会議に臨むことが非常に大事です。

準備も考えもしないで会議に臨むと、脳が静止している状態に近く、新しい情報の定着率も落ちるし、インスピレーションも出てきません。自ら情報を発信し、考えをきちんと相手に伝えることで、脳が活性化し、自身のアイデアがブラッシュアップされていく可能性が高まります。

意見を言う際に注意すべきことは、**他者の意見や施策の批判だけをするのではいけない**ということです。

人の意見を批判したり、意見の悪い部分だけを見ていても、前に進むことができません。逆に、その人の意見やアイデアをどうやったら形にできるのか、どうやったら成功する確率が上がるのかを一緒になって考え、前向きな提案をすることが重要です。

自分の意見を言わずに相手を批判することは、後出しジャンケンなので簡単です。一番大変なのは0を1にする作業です。何もないところから、何かを考えることが本当に難しい。はじめはちっぽけなアイデアかもしれないけれど、それを一緒になってブラッシュアップしてきちんと形にすればいいのです。

そうすることで、相手の手柄になるのであれば、手柄にしてあげればいいのです。そんな称号はなくても、成し遂げたことは自分の経験となり、自信につながるからです。

大事なのは、攻撃して相手を打ち負かすのではなく、サービスをより良くするためには何が必要なのか、そしてそれらを実行するためにはどうするかを発言することが重要です。

コスプレ…
たしかに
踏み出してるね。
勇気を出せ！
一歩踏み出せ!!
や

【やり方】まずは、手を上げて発言してみよう！ 勇気を出して！ 怖いけど、これがまず最初に一歩！ 誰でも最初は恥ずかしいし、失敗が怖い。けど、そのうち慣れてくるよ！ まずは、やってみよう！

自分と違う意見を述べる人は、
あなたを批判したいのではない。
違いは当然であり、だからこそ
意味があるのだ。

〜アルフレッド・アドラー〜

恨みは人を成長から遠ざける

いろいろな挫折や失敗があったときに、誰かのせいにしたり、その失敗を他人に押しつけないことです。

実は、私自身そうだったのですが、誰かのせいにしていると自分自身で反省せず、盲目のまま、本当の問題点を見つけることができません。

この「問題が見えない」ということが非常に問題なのです。

なぜなら、失敗を繰り返す可能性が極めて高くなるからです。誰かのせいにするのではなく、なぜ失敗したのか、なぜできなかったのか、どこを改善すればいいのかなどを振り返り、考えることが重要です。

私はたくさん人にだまされてきましたが、だました人を恨んでいるかというとまったく恨んでいません。むしろ勉強させていただき、ありがとうございます！と今では笑って言えるくらいです。それぐらいの精神力でないと成功を掴み取ることは難しいと思っています。

人を恨み続けても、そこからは何も生まれません。はっきり言うと、時間の無駄です。それに、人を恨んだり憎んだりすることは非常にパワーを消耗します。起こってしまった過去は変えられないので、まったく意味がありません。

であれば、それらの経験を踏まえて自分自身がどう変わるかを前向きに考えることに時間とパワーを使うほうがよほど生産的です。

よく「うちの会社は○○だからダメなんだよ」「上司が○○だからやる気が起きないんだよ」という会社や上司に対する愚痴をこぼす場面を見かけることがありますが、これも同じです。どうすれば良くなるのか自分自身が考え、解決策・改善案を提案するなり、実行するなりする。そこに情熱があれば状況は変えられると私は考えています。

【やり方】恨みは人を成長させない！ きっとこの経験が、今後の私に役に立つはずだ！ と考える癖をつけましょう！ そうすることで気持ちが前向きになるはず！

自分が置かれた状況を他人のせいにしたり、自分たちの発展を人頼みにするのはやめよう。自分の運命の主人は自分なのだから。

〜ネルソン・マンデラ〜

決断し、行動する

考えて決断し、行動する。


当たり前といえば当たり前なんですが、これをしない人が非常に多いです。

考えるという作業は非常に労力を費やします。私の場合は、他の人よりも作業が遅く、考える時間も非常にかかります。人の2倍努力してようやく追いつけ、人の3倍努力することで追い越すことができるようになりました。


そして、考えることよりもさらにハードルが高く、重要なのが、行動することです。

なぜ行動するのが大事かというと、どんなにシミュレーションして、完璧な計画を考えたと思っても、**どんな偉い人からお墨付きをもらったとしても、たった一回の実践には勝てないからです。**

実践してみてとにかく結果を見なければ何も得られません。そして、実践から得たデータは、結果がどうあれ、どんな教科書に書かれている内容よりも価値があります。

私が他の人と比べて、**自由にやりたいことができるようになったのは行動力に尽きます。**誰でも給料を上げたい、大きな仕事がしたい、自分がやりたい仕事をやりたいなど、それぞれ希望があるでしょう。

それができる環境にある人と、できない人との違いは何かというと、様々な面で行動に移すか、移さないかだと思っています。私はどんなことがあろうとも一度実行しようと思ったことは必ずやり抜きます。その結果、失敗して降格されようが、クビにされようが、気にしません。

ソフトバンク時代に一回り以上年上の先輩に、「大野くんはいいよね、いつも仕事が楽しそうで。楽しそうな部署に異動できて羨ましい」と言われたことがあります。「いろいろな案を考えて、提案すればいいじゃないですか?」と返すと、「だって怖いじゃん。それが原因でクビになったり、左遷されるかもしれないし……」と。

おそらくこの先輩が成功する確率は低いです。行動せず、リスクを背負わず、決断しない人に、成功を掴み取れるほど世の中は甘くないからです。

もちろん行動すると、非常につらい思いをすることもあります。上司から嫌われたり、同僚から嫌味を言われたり、嫉妬や、妬みなどもたくさんあると思います。

しかし、そういったことに挫けず、行動し続けられる人が、チャンスを得ることができるのだと、私は考えています。


自信がない、才能がないと思っていたとしても、一歩前に踏み出さなければチャンスは絶対に掴み取れません。失敗したとしても、人に笑われたとしても、誰かに何か言われたとしても、それに負けることなく最後まで行動し続けることが大事です。短期的には負けてしまっても、中長期的な目線で考えると、その行動や勇気は必ずプラスになります。

そして、そこで培ったノウハウは5年後、10年後の自分にとって重要なものになっているはずです。行動することは貯金だと思って、たくさん貯金をしてください。その積み重ねが、いつかドーンと利息がついて戻ってくるはずです。

【やり方】勇気や自信がないときは、ノートに自分の考えを書いてみよう！ なぜそう思ったのか？ もっと良くするためには、どうすればいいのか？ データを集めながら考えてみよう！ その頃にはきっと自信がついてるはず。そして、ノートにメモしたことを、みんなの前で発表したり、行動に移してみよう！

どれだけ良いアイディアがあっても、
実行しなければ成功もしないし、
失敗もしない。
それは時間の無駄でしかない。

～柳井 正～

いい師を見つける

良き手本となる師を見つけられるか、見つけられないかは、成功に大きく関わってきます。

尊敬できる先生のような人がいると、困難や壁にぶち当たったときに相談できたり、先生ならばどう考えるのか、ということを頭の中でシミュレーションできるからです。

それなりの立場、ポジションになると、人に相談することが難しい状況に陥るときがあります。そんなとき、良き師がいると、だいぶ肩の荷が降りて楽になります。そして、師の存在は目標にもなります。あの人があそこまで頑張ったのだから、自分もその志を継いで頑張ろうと。

私には師が二人います。

一人目はマーケティングの知識や社会に出るための学問を教えてくれた堀出教授。二人目はTSUTAYA時代の上司である宮さんという方です。

堀出先生は教育者として、ビジネスマンとしての羅針盤とし、コンサルタントとしては宮さんを参考にしています。

特に社会人になってから師事した宮さんは、私にとってすべてにおいて完璧でした。あまり困っているところを見たことがない。それくらいいつも考え、ロジカルに分析した資料を作っている方でした。私はよく宮さんならこの課題をどう解決するか、どのような資料を作るか、この難しい局面でどう判断するかということを考えながら仕事をしていました。私のスキルの源は宮さんから伝授されたものなのです。

もし、師となるような人がいない、**見つけ方がわからないという人は、歴史上の人物から探してみてください。**この人の生き方、仕事のやり方は尊敬できるという人が、きっとあなたにも見つかるはずです。

ソフトバンクの孫さんも、実は歴史上の人物、坂本龍馬の大ファンでした。龍馬の志に惚れ、ソフトバンクのロゴマークは海援隊の旗からデザインしていたり、社長室には龍馬のグッズがずらりと並べられているほど、龍馬を尊敬し、愛しています。きっかけは龍馬が描かれている小説を読んだことでした。孫さんレベルの経営者ですら、尊敬する師を見つけ出して、会社の羅針盤として活用しています。

人はそれなりのポジションになると、孤独になります。**迷っても誰にも相談できなかったりすることもあります。そうしたときに人生の羅針盤となるような師を見つけることは、非常に大きな力になり、きっとあなたの助けになることでしょう。**

この人、カッコイイ!!
こんな人になりたい。
目標・理想の人を見つけよう。
や

【やり方】 どうしても尊敬できる先生が見つからない場合、自分の好きなゲームや、ブランド、会社について調べてみよう！ 深く関わっている人物（社長やプロデューサー）が見つかるはず。そうしたら、その人をさらに書籍やgoogleで調べてみよう。ひょっとしたら尊敬できる師が、その中から見つかるかも！

人間はできるだけ早くから、良き師、良き友を持ち、良き書を読み、ひそかに自ら省み、自ら修めることである。人生は心がけと努力次第である。

～安岡正篤～

仲間を見つける

一人ですべてのことを背負い込む必要はありません。

悩んだときは、周りにいる人たちに相談したり、ネットで知り合った人たちに相談したりなど、他人を頼ることを考えましょう。誰かに頼ろうと考えた瞬間に過度のプレッシャーから解放される、もしくは軽減される可能性があります。

私は学生の頃は一匹狼でした。それがラグビー部に入ったおかげで、集団行動を学びました。一人では突破できない局面も、チームでなら突破できる確率が上がります。仕事も同じです。

1日は24時間しかありません。物理的に作業できる時間は、確実にそれよりも少ないので、どんなに頑張っても、一人でできることには限界があります。

しかし、仲間がいたらどうでしょうか？

仲間の数だけ作業時間も増え、いろいろな人の英知が集まれば、できることの幅が広がります。大きなプロジェクトを手掛けたり、大きな成果を上げるためには、仲間の存在が必要不可欠です。

とはいえ、ただ単に人が集まっただけでは意味がありません。真の仲間の存在が重要です。

私が考える真の仲間とは、会社組織や第三者によって強制的に用意された枠組みで形成されるものではなく、信念、思想、ビジョンなどを含む、共通の考え方に共感し、集まってくる集団のことを指しています。

この集団の強みは、同じ理念によって行動しているため、各自がバラバラに動いていたとしても最終的に同じゴールに到達できることです。どこを目指すか、ゴールが見えているため、判断も速くなり、圧倒的にスピードとクオリティが高くなります。単なる仲良しチームではなく、お互いがお互いを尊敬しているプロフェッショナルが集まるからこそ、最高の結果を出せると私自身は考えています。

では、どうやってそういうメンバーを集めればいいのでしょうか？

それは簡単です。今の仕事や与えられているミッションを一生懸命やることです。「え？そんなこと？」と思うかもしれませんが、大事な秘訣です。仕事を一生懸命やっていれば、その姿を誰かが見てくれています。それは社内だったり、社外だったり。その姿勢に人々が共感し、人が集まってくるのです。

iPhoneはソフトバンクや代理店が頑張ったから売れた。確かにそれもありますが、実はそれだけではありません。裏側で数多くの人が共通の思想を持ち、努力し、行動し続けたおかげで成功したものでした。大企業であるソフトバンクが売ったから売れるほど簡単なものではありません。まさにそのとき、STAND ALONE COMPLEX現象が起こっていました。このiPhoneの詳しい話は、また別の機会にお伝えできたらと思います。


仲間を増やすときに心がけとして重要なことは、企業規模や、発注先や下請け企業とか、役職とか、そういうことを考えないで仕事をすることです。どちらかが有利な状態で仕事をしている関係性では、真の仲間関係を作り出すことは難しいからです。

この考え方は非常に重要です。人生は非常に長いですから、この先自分がどんな立場になるか、相手がどんな立場になるのかわかりません。自分がどんな立場だとしても、目の前の仕事を成功させるために、対等に意見を交わし、全力を尽くす。そうすることで、真の仲間ができていきます。

私もこうした仲間に助けられてきました。ソフトバンク時代、Yahoo!BBのキャンペーンや、iPhoneのプロモーションなどでお世話になった中小企業の代理店であるＧＡＩＡという会社があるのですが、退職して業者にだまされたときは、その費用の一部を肩代わりしてくれたり、仕事がなくて困っているときは、仕事を発注してくれたりしました。自分がクライアントとして発注したり、その逆もあったりと、その後も良い関係性を続けております。

どんなときでも、どんな立場になっても、途切れることなく良い関係を構築し続けられる、そうした真の仲間は、今の仕事に全力を注いでいれば、必ず集まってきます。それが、5年後、10年後に、その規模がより大きくなり、**そうしたメンバーの知識や叡智が結集されることで、成功する確率は極めて高くなってきます。**

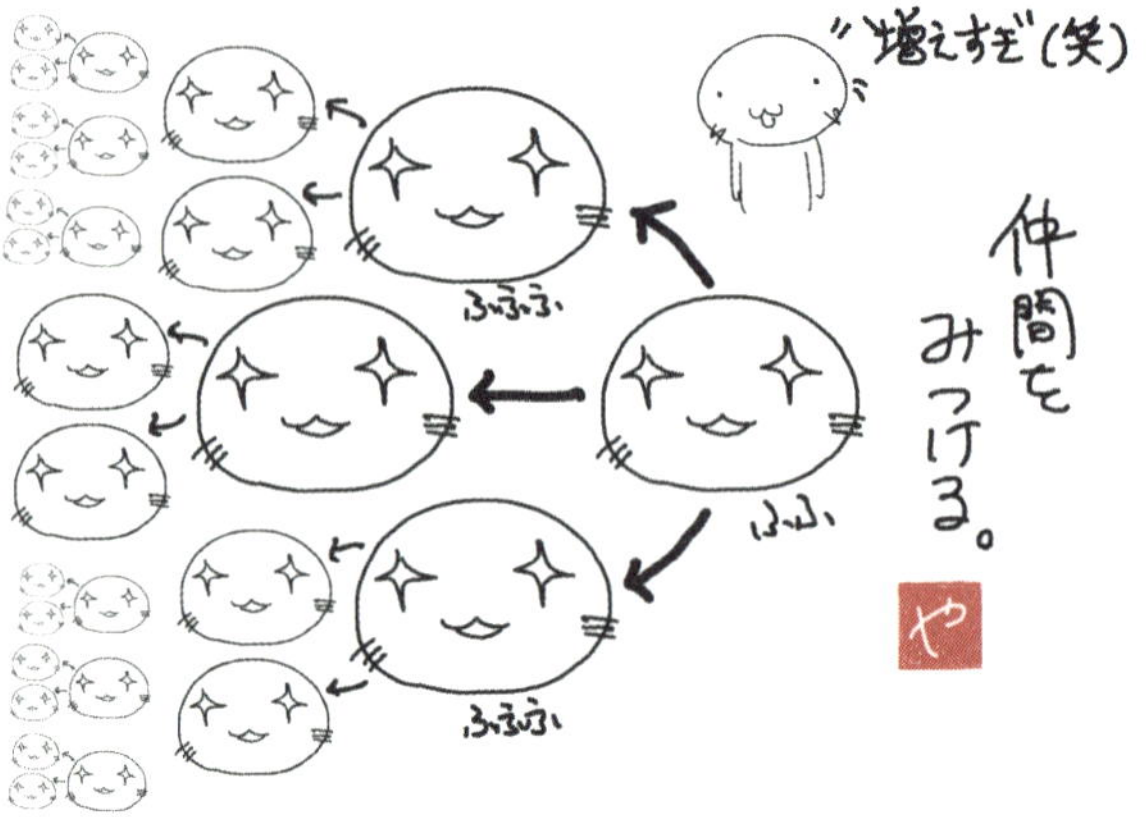

【やり方】 どんな仕事、相手でも、いつも対等な立場で臨み、とにかく全力を尽くそう。そうすれば、同じ志をもつ真の仲間が自然と集まってくるから！

我々の間には、チームプレーなどという都合のよい言い訳は存在せん。あるとすればスタンドプレーから生じる、チームワークだけだ。

〜攻殻機動隊 S.A.C. 公安9課 荒巻大輔のセリフ〜

時間を意識する

すべての人に共通していること、それは**1日は24時間しかなく、過ぎ去った時間を取り戻すことはできない**ことです。

これはどんな環境に置かれている人でも、どんな国の人でもまったく同じです。成功する確率を上げるためには、限られた時間をどう使うか、そのことに気づいているかいないか、意識をしているかいないかが、非常に重要です。

例えば、通勤時間が片道1時間、往復2時間とする。月20日間稼働したとすると、月間40時間、年間にして480時間もあります。この時間をのほほんと過ごす人と、情報収集や学習などに費やす人、この差は歴然です。

私は頭が悪く、作業に人一倍時間がかかる。だからこそ、国立大学を卒業したような優秀な人に勝つためにどうすればいいのか、時間の配分を常に意識してきました。いかに人よりも学習や作業、企画を考える時間を増やせるかを常に考え、みんなが飲みに行ったり、遊んだりしているアフターファイブの時間、睡眠時間を削り、作業に費やす時間を確保していました。移動はサラリーマンのときからタクシーを活用していました。理由はタクシーで移動する間に、メールや資料作成の時間を確保できるからです。

そうやって様々な方法で時間を確保し、普通の人の2倍、3倍働いていたからこそ、成功する確率を上げることができたのです。

ちなみに、休みの日は海に行ったり、登山をしたり、ゲームなど、プライベートの時間もきちんと確保しています。人はみな価値観や生き方が違います。時間をどう活用するかは、自分次第です。

日々のちょっとした時間の使い方を変えるだけで、その価値に気がつくだけで、結果は大きく変わってきます。時間を使って何をなし得るかは、あなた次第です。

時間をうまくつかって
仕事もプライベートも楽しまないと。
時間は大事。
だって遂行できないもん。
や

【やり方】一日の空き時間を探してみよう。そして、その空き時間に新しいことにチャレンジするなど、時間を意識した過ごし方を試してみてください。

たいていの成功者は他人が時間を浪費している間に先へ進む。これは私が長年、この眼で見てきたことである。

～ヘンリー・フォード～

インプット&アウトプットを意識する

この章では、目標を持つことから始まり、成功する人になるための考え方・思考についていろいろと触れてきました。最後にもう少し実務レベルで見たときに私がもっとも大切にしていることをご紹介します。

それは、**情報のインプット量を増やし、アウトプットの質を上げていくことです。**

私が大学時代にＩＴに関する情報を、そしてソフトバンク時代にスマホのアプリ情報を集めていたこと、これらは今考えると、大量のインプットです。そして、それが後の仕事の中でアウトプットとして形に現れたのだと思っています。

もちろん、仕事で成功できた要因はそれだけではありませんが、この大量のインプットがなかったら、今の私はなかったでしょう。

サラリーマン時代によく言われたのが、「なぜ、あなたの企画だけ通るのか？」ということでした。いろいろな人が新規事業を企画して、会社に提案しているにもかかわらず、なぜ通らないのか？

理由はシンプルでした。

それはアウトプットの質が低いからです。国立大学を出ていようが、偏差値60以上あろうが、ＭＢＡ取得という称号をもっていようが、アウトプットされるものの質が低ければ、会社を説得することはできません。

私は自分自身も新規事業をずっとやってきて、今はいろいろな企業の新規事業をサポートしています。**その中でよく発生するのは、他社や技術に関するいわゆる情報のインプットが圧倒的に不足しているということです。**

ここが弱いと、企画したサービスがすでに他社から出ていたり、もっと優れた技術が存在してどうあがいても勝てないなど、ビジネスモデルとしての問題に気づくことができません。

その状態でプレゼンに臨もうものなら、

「これはすでに他社が出しているけど、どうやって勝つの？」
「すでに他社が失敗しているけど、同じことやってもダメでしょ」
など、簡単に論破されてしまいます。

徹底的に情報を収集し、何度も考え、それを資料化する。その作業を何度も繰り返すことで、企画が通り、その企画が成功する可能性が出てくるのです。

次章以降は、このインプットとアウトプットについて、どうすれば効率よくインプットできて、どうすれば質の高いアウトプットができるのか、具体的なツールなどもご紹介しながら説明していきます。

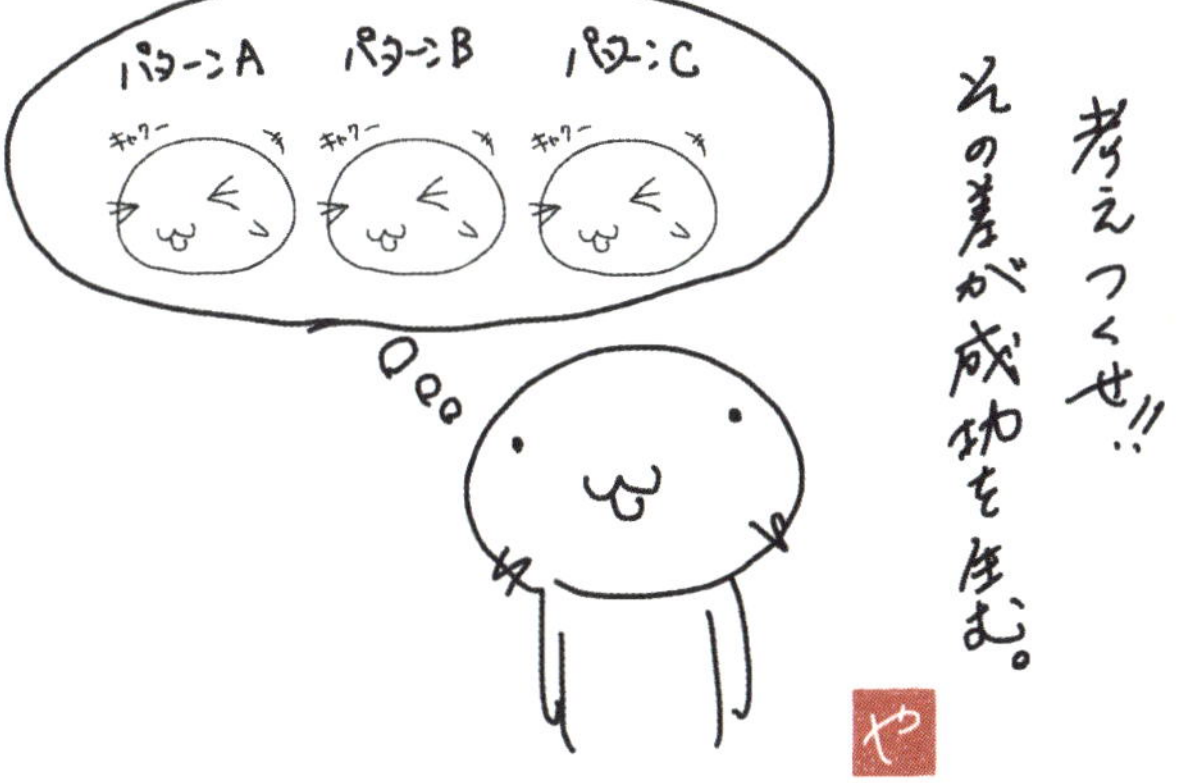

【やり方】インプットの量を増やし、考えて、考えて、アウトプットを何度も繰り返し、磨きをかけていく。これに尽きます。

一方はこれで十分だと考えるが、
もう一方はまだ足りないかも
しれないと考える。
そうしたいわば紙一枚の差が、
大きな成果の違いを生む。

〜松下幸之助〜

第4章

インプットからすべてが始まる

インプットがなければ何も生まれない

どんなことをするにしても情報のインプットが非常に重要です。**知識やデータがなければ、良いアイデアや企画を出し続けることは難しく、クオリティは高くなっていきません。**情報のインプットとアウトプットは比例していて、良いアウトプットを出すためには、クオリティの高い情報のインプットをいかに増やしていくかが重要になります。

インプットを増やすためにはいろいろな方法がありますが、**一番はじめに変えることは、常にアンテナを張るということです。**つまり、意識の問題になります。

例えば、マクドナルドで店頭に並ばなくてもアプリで商品を事前に購入しておいて、あとは店頭でピックアップするだけというものが、リリースされていたのをご存知でしょうか。今はコロナの影響で利用者はかなり増えたと思いますが、先日まではほとんどの人たちがそのアプリの存在を知らず、数分、ときには10数分もレジに並び、商品を購入していました。

マクドナルドがそのアプリを訴求していないかというとそういうわけではなく、店頭でもかなり訴求されていました。利便性もあり、アプリとしての質も高く、お得感が満載にもかかわらず、それらを訴求しているチラシやポスター、ポップなどが、目に入っていない人が多いのです。そうしたものが目に留まるかどうかは大きな違いで、これがアンテナを張るということです。

日常生活の中で目にするものの中には、実はビジネスのヒントとなるようなものが隠れています。そういったものに気づけるか、気づけないかということは意識しているかいないかで差が出ます。

興味がなかったとしても脳の片隅で覚えている、はっきりとした記憶がなかったとしても、そういえばあんなものがあったなとか、とはっきりと覚えていなくても大丈夫です。

少しでも覚えていれば後はスマホなどで検索をすれば、必ず情報が出てきます。

様々なことに興味を持ち、アンテナを張りながら日常を過ごせているか一度自分のことを振り返ってみましょう。


意識を変えるにはトレーニングが必要ですが、世の中をそういった目で見られるようになると、ダイレクトにビジネスのヒントが転がっている、もしくはすぐには使えなくても、後に「そういえば、あのとき見たのが使えるんじゃないか」といったことが起こるはずです。

私はトレーニングして無意識に情報を収集する習慣を磨いています。

例えば、新しいお店ができたら入ってみて、店舗、什器、商品、メニューに至るまで一通り観察します。それこそジャンルは様々。それらをEvernoteに入れておき、あとで自由に検索できるようにしておく。そうすることで、自分の感性で作った独自データベースが完成し、それらが後々様々な企画で役に立っています。

ヒントやアイデアは、
実は身近かにある。
あっ
や

【やり方】日常生活にはヒントがたくさん隠れている！ 外に出たらスマホばかりに気を取られず、自分の周りの景色を観察してみよう。そして、目に飛び込んでくる何気ないもの、気になったものをどんどん記録して、さらに気になったら調べたりする癖をつけよう！ 苦手な場合は、写真を撮っておくだけでもOK！ いつかその蓄積された情報が役に立つときがあるから！

インプットを加速させる方法

私は元々偏差値も低く、天才とは程遠い存在です。だからこそ努力を重ねてきましたが、普通に作業しているだけでは、天才や頭のいい人には勝てません。

そういった人たちにどうやって勝つか？

私は人間の知能指数の向上よりも重要視しているものがあります。

それは、**スマートフォンやパソコンを使いこなすということです。**コンピューターは計算スピード、記憶容量などにおいて、人間よりも優れています。だからこそ、ＩＴツールを自分にとっての中央演算処理装置、外部記憶装置として利用し、自分の能力が不足している部分を補うのです。

ＩＴツールをうまく使いこなすだけで、仕事の量や質を格段に向上させることが可能です。

とはいっても、特別なＩＴツールは必要ありません。すでに皆さんは世界トップレベルのパソコンとスマートフォンを持っています。今までは自分で計算したり、自分で調べたり、もしくはお金を支払って外部の機関に依頼しなければ入手できなかったような情報も、それを使えば一瞬で入手することが可能です。**世界最高峰の有能なアシスタントが、すでにあなたの元にいる**といった感じでしょうか。

例えば、あなたがベンチマークとしている企業を常にウオッチして、何か動きがあればそれを抜け漏れなく教えてくれる。または、世界中の最新情報を収集し、それをチームのメンバーに共有したり、資料にしてくれる。そんな有能なアシスタントがいたらどうでしょうか？　こういったことがＰＣとスマホを使って誰でも簡単にできるのですから、活用しない手はありません。

私はiPhoneとＰＣから様々なツールやアプリを使って、抜け漏れなく情報を収集し、さらに集めた情報をデータベース化できるように設計しています。「設計」という言葉を使ったのは、これらの工程は、ほぼ自動化できるからです。まさに有能なアシスタントです。

欲しい情報が勝手に集まり、整理されたデータベースとして、いつでも引き出せる。そして、その情報を記憶する容量には、上限がありません。

いくら優れた頭脳を持つ人でも、情報を集め、集めたデータを整理し、さらにそれを記憶しておく、もしくは記録しておくには、限界があるでしょう。忘れてしまったり、どこにメモしたかわからなくなったり、すぐに情報を引き出せるわけでもありません。

便利な世の中になった今ＩＴツールを使いこなすことがいかに重要かおわかりいただけたと思います。ここからは、私が実際にどのようなツールを使っているのか、「情報収集ツール」「情報整理ツール」「情報分析ツール」の３つのカテゴリに分けて紹介していきましょう。

情報収集ツール

Googleアラート

自分が興味関心のあるキーワードを設定し、それらがニュース、ウェブ、ブログ、ビデオなど様々な方法でネット上に公開されたら、その上位情報を自分にメールをしてくれるという便利なサービスです。例えば、自分が担当しているサービスやビジネスが「5G」で、ライバルとしている会社が「ソフトバンク」だとしましょう。Googleアラートで、5G、ソフトバンクと登録するだけで、5G関連の情報やソフトバンクに関連する情報で重要なものを送ってくれます。ニュース媒体を読みに行くだけだと抜け漏れが発生する可能性がありますが、このサービスを使うことでそのリスクを軽減することが可能です。しかも、使い方が非常にシンプルです。Googleアラートの検索窓でキーワードを設定し、その情報をどれくらいの頻度で受け取るのかを設定するだけ。1日1回やその都度など、詳細に設定できます。

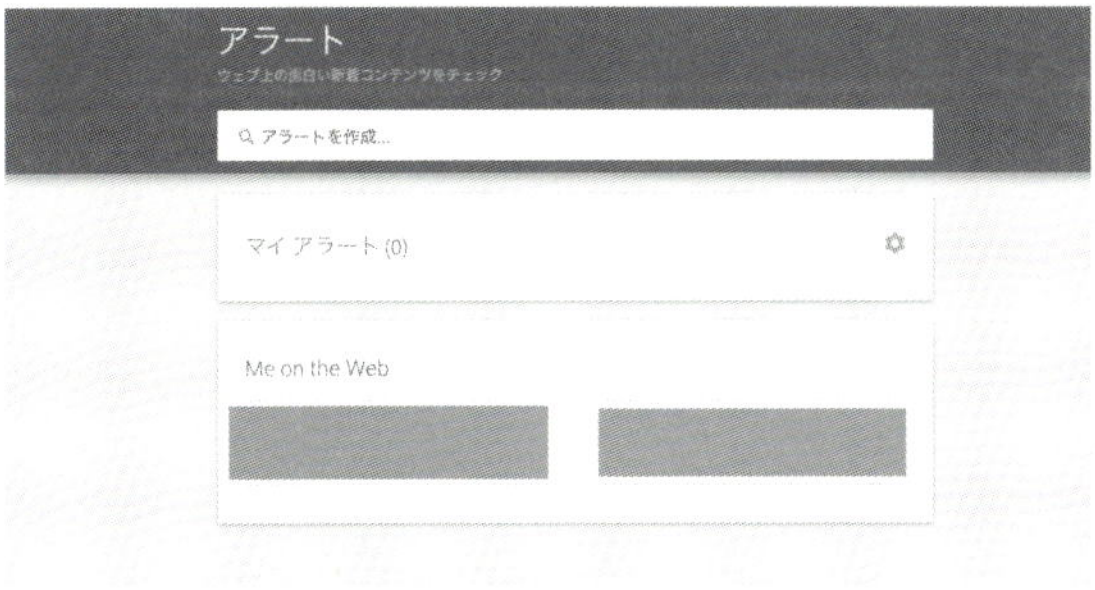

情報収集ツール

feedly

世界中で利用されているRSSリーダーです。Webページ、ニュースメディアなどの情報を毎日把握することが可能です。RSSフィードは、Webページとキーワードで登録が可能になります。キーワードを設定し、followをクリックすると、画面上で収集されたニュース記事を見ることができます。先ほどのGoogleアラートと何が違うのかというと、英語をはじめとする複数の言語に対応しているため、海外のニュースも抜け漏れなく情報入手が可能という点と、カテゴリーごとにキーワードを設定できるという点です。例えば、今日は忙しくて時間がないけど、「フードテック」関連のニュースだけを見たいときなど、カテゴリーの設定をしておくと、指定した記事だけを読めるのでとっても便利。また、お気に入りもジャンルごとに設定でき、お気に入りボタンを押すことをトリガーに資料をまとめることも可能です。

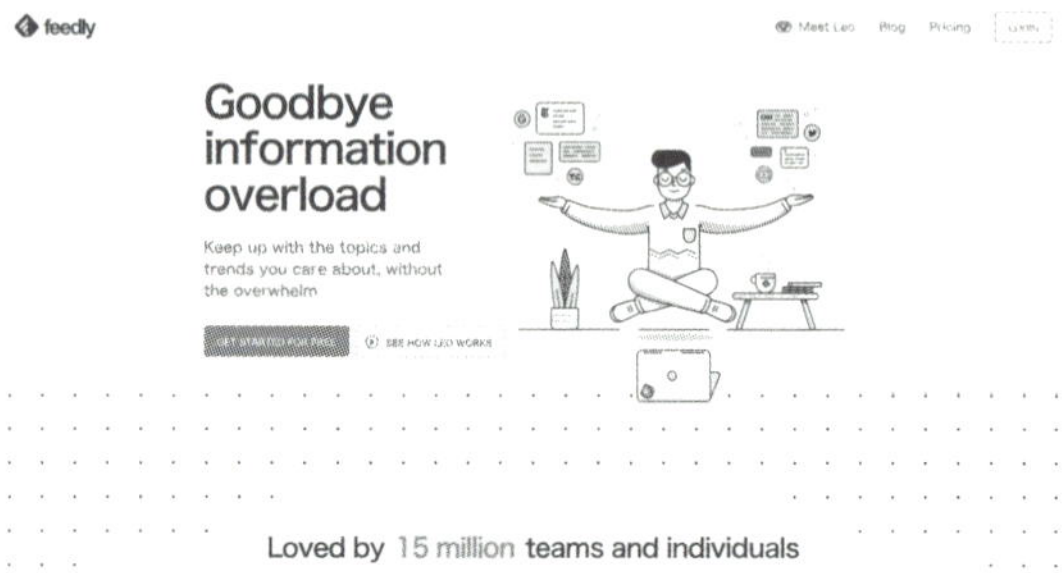

情報収集ツール

YouTube

YouTubeは楽しむために見ている人がほとんどだと思います。しかし、新しいことを学びたいときにも、YouTubeでぜひ検索してみてください。コンテンツの充実ぶりに驚くことでしょう。コンテンツの中には有料のセミナーなどを無償公開しているものなどもあり、短い時間で内容を効率的に理解するのにとても適しています。ただし、間違った情報も数多くあり、質の面では玉石混交なので、自分自身で見極める目も同時に身につける必要があります。私自身、最近投資にハマっているのですが、セミナーなどは一度も行ったことがありません。情報源のほとんどがYouTubeです。例えば、チャート分析でMACD、ボリンジャーバンドなどの使い方などは書籍よりも、圧倒的にYouTubeの方がわかりやすかったです。

情報整理ツール

zapier

feedlyなどの複数のソースで選んだ情報を収集し、加工したり、蓄積したり、吐き出したりするツールです。例えば、Feedlyで選んだ海外のニュースに、事前に設定したタグを付与したタイミングで、内容を自動翻訳して、表題、内容、ソース元のURLをFacebookのアカウントに投稿したあと、Googleスプレットシートにデータを書き込み、同時にGoogleスライドで資料化する、といったことが可能です。ニュースをチェックし、クリックを押すだけで3つの作業を自動的に行ってくれるので、情報を整理する時間が大幅に短縮されます。英語のツールなので理解するのに少し時間がかかるかもしれませんが、使い方を紹介している日本語サイトもたくさんあるし、chromeでアクセスすれば自動翻訳で日本語に変換することが可能です。私も英語が苦手なので、この機能を活用して、海外の情報をチェックしています。

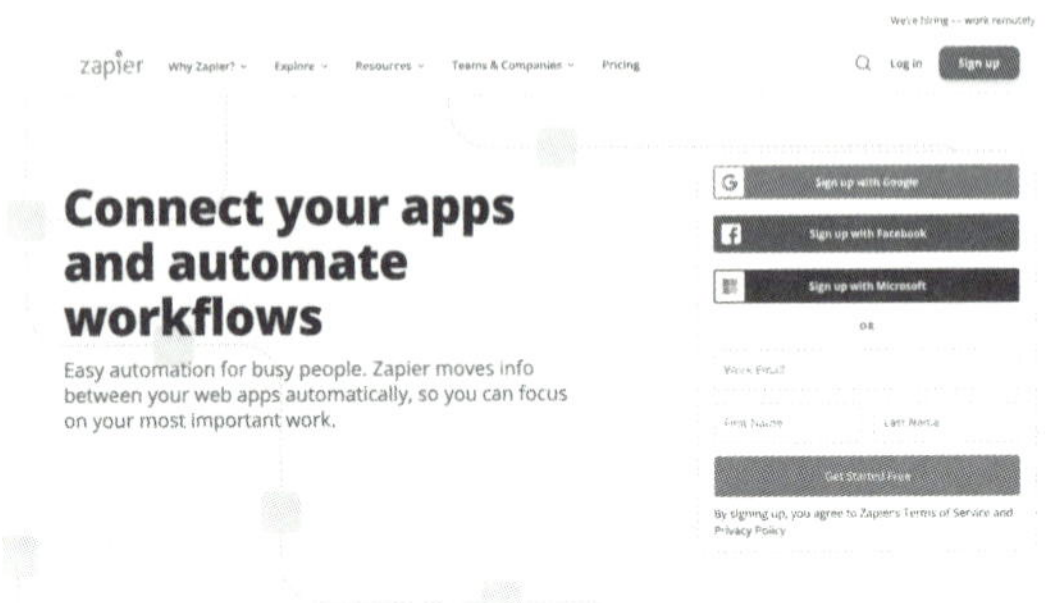

情報整理ツール

Evernote

最強のメモリアプリと言えるのが、Evernoteです。テキスト、画像はもちろん、Webページ、ニュース記事、PDFも保存することが可能です。私も様々なものをEvernoteに保存していて、記憶装置として活用しているので、脳は考えることに集中するようにしています。まさに有能なアシスタントとしておおいに仕事をサポートしてもらっています。タグ付けをしておけば、情報を簡単に整理できるので、引き出したい情報を引き出したいときに、瞬時に引き出せることも重宝している理由の１つです。

情報分析ツール

ラッコキーワード

Webで検索している人たちが、どんなキーワードで検索しているのかを調べるツールです。新しい企画や事業を考えるとき、お客さまは、どんなものを欲しているのかというユーザーの思考を探るのは、非常に重要です。アンケートをとるというのも非常に良いことですが、私はあまり重視しません。アンケートだと見栄をはったり、そのときの雰囲気に呑まれてしまう可能性があるからです。そこで頼りになるのがラッコキーワード。検索履歴を調べることができるこのツールは、人の欲望、知りたいこと、欲しているものがそのまま反映されています。つまり、人がどんなものに興味があるのかを正確に把握することが可能です。例えば、ラッコキーワードで「タピオカ」と入力すると、GoogleやYahoo!などで、「タピオカ」というワードでユーザーがどんな検索をしているのかが一覧できます。

情報分析ツール

キーワードプランナー

先ほどのラッコキーワードだと、キーワードはわかるが、どれくらいたくさん検索されているかまではわかりません。そこで、活用するのがキーワードプランナーです。特定のキーワードや商品などに興味があり、実際に検索する人がどれくらいいるのかを推測するためのツールです。検索ボリュームがわかると、効果的に広告を運用することができたり、SEO対策に活用できたり、または店舗のPOP、商品パッケージなどにも応用することができます。

情報分析ツール

facebook

facebookは単なるSNSとして活用している人も多いと思いますが、実は分析ツールとしても非常に使えます。facebookで広告を出す際にターゲットがどういう人なのか、そのターゲットに合わせて、どういうマーケティング戦略をとっていくのか、ということを検討する際に使うものですが、これはそのままマーケティングデータとして活用できるのです。年代、性別、関心度の高さ、そして住んでいる場所の情報から、このエリアにはどれくらい自分たちの商品やサービスに関心がある人がいて、その興味がある人たちは男性が多いのか、女性が多いのか、年代はどの層が多いのかということがわかります。

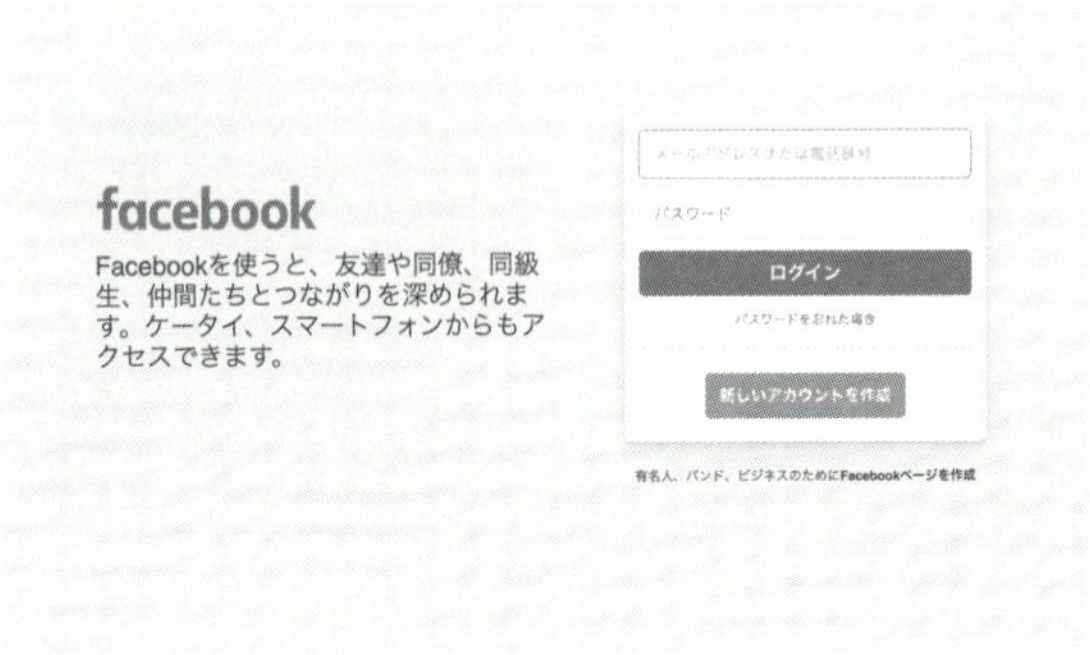

情報分析ツール

Googleトレンド

Googleトレンドは、Googleで検索している人たちが、どんなキーワードで検索しているのかが把握できるツールです。Googleトレンドの良いところは、トレンドという名の通り、そのキーワードがどれくらい検索されているのかの推移を見ることができる点です。さかのぼれるのは2004年まで。つまり、いま（2020年現在）であれば、過去16年のトレンドが見ることができるわけです。「あの商品っていつ頃から人気出始めたんだろう」ということを調べるのには最適でしょう。また、どの地域で多く検索されているのか、関連するトピックはどんなものがあるのかも知ることができます。そしてさらに重宝するのが、キーワードを複数入力して比較できる点です。上司に「これって市場はどうなの？」と聞かれた際に、なにもデータが提示できない場合は、非常に有効的です。

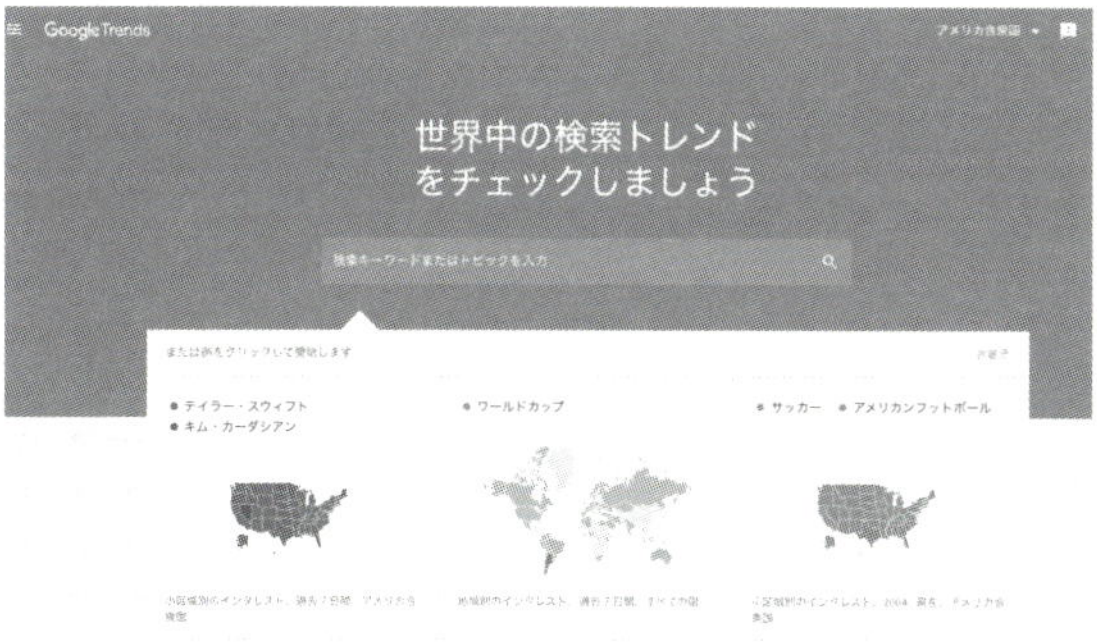

情報分析ツール

BuzzSumo

ライバルの競合商品がなんだかバズっているらしいという情報を得たら、なぜバズっているのか理由を知りたくなりますよね。BuzzSumoは、SNS上でどれだけバズったのかなどを調査できるツールです。Twitter、facebook、Instagramなどの SNSが発端で口コミがどれくらい広がったのか、バズった日付はもちろん、国別や言語といったフィルターをかけることもできます。また、キーワードを入力して、関連する記事がどのSNSでどれだけリンクを貼られたり、シェアされているかを調べたり、URLを直接入力して、そのページやサイトの拡散状況を調べたりすることもできます。また、個人のユーザーが何に興味・関心を持っているのかという動向も把握することができます。SNSはパーソナルなデータの宝庫です。それを分析することでユーザーの興味・関心の傾向が見えてきます。

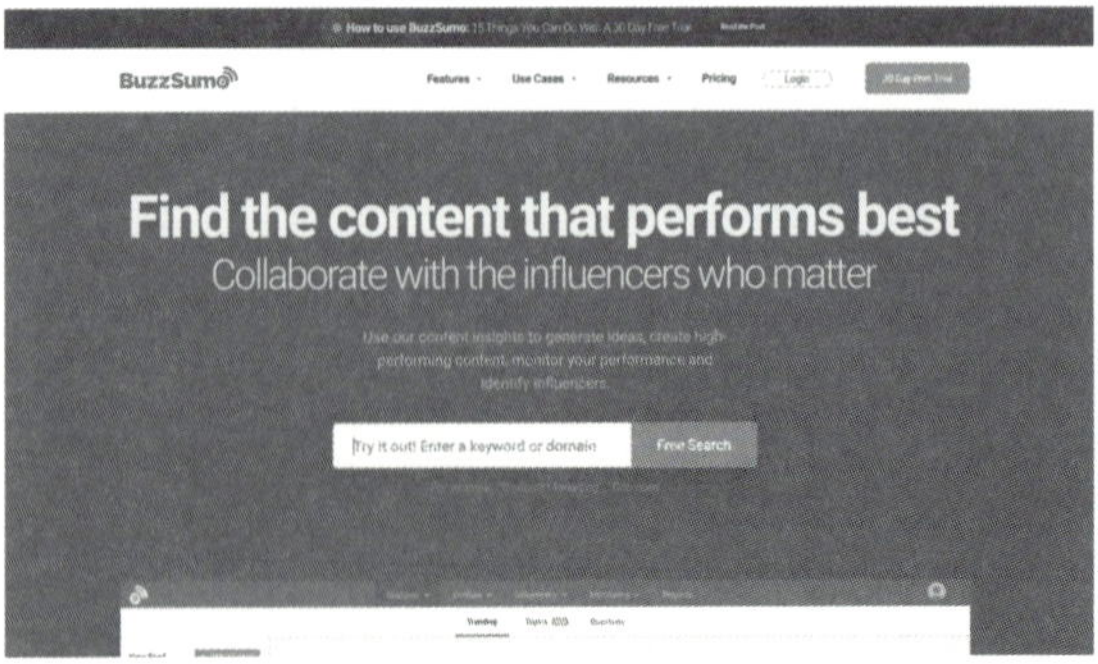

情報分析ツール

waybackmachine

競合の順位が上がったタイミングで、何をしていたのかを把握することができるツールがwaybackmachineです。その名の通り、過去のWebサイトのデータがアーカイブされていて、さかのぼって競合が何をしたのか把握できるのです。また、Googleの評価コンテンツが何かも想定することが可能です。waybackmachineは、非営利法人である「Internet Archive」が運営しているサービスで、設立はインターネット初期の1996年です。創業者はこんなに早くからWeb情報の保存の重要性に気づいていたなんてすごいですね。

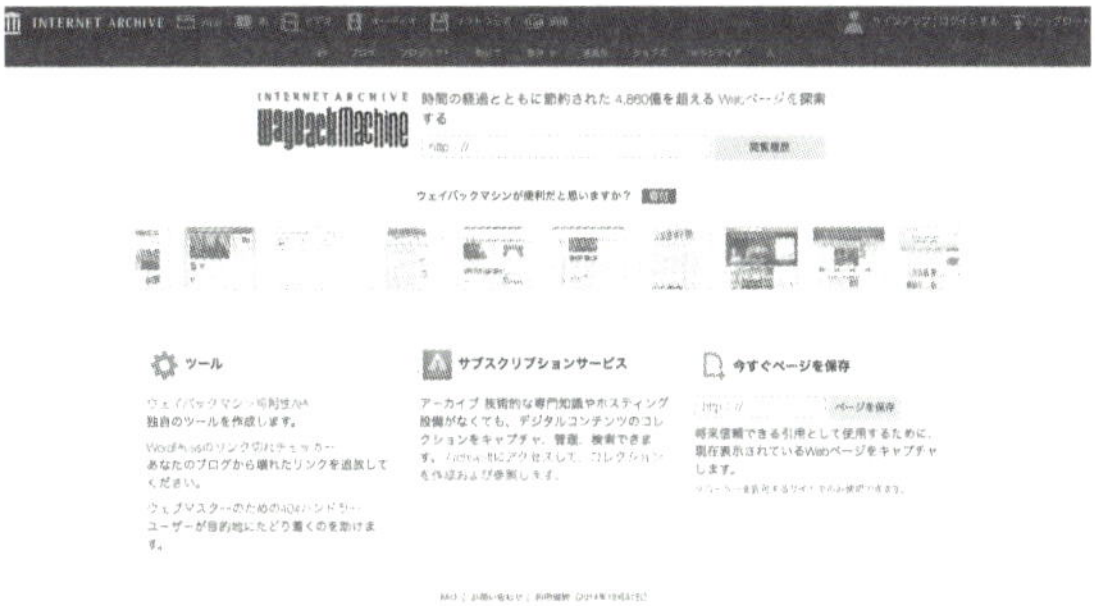

情報分析ツール

APP ANNIE

競合を丸裸にするAPP ANNIEは、世界中のアプリ市場のデータを収集していて、そのデータを分析するためのツールです。App StoreやGoogle Playなどからダウンロードランキングなども収集していて、国別、カテゴリ別のランキングの推移を追うことも可能です。例えば、「ニュース」というキーワードに関連するカテゴリでは、どんなアプリがどれくらい使われているのかが簡単にわかります。競合他社のアプリについて知りたい場合も、ダウンロード数、使われている時間帯、起動時間、性別や年齢層といったユーザー構成、使われているスマホの機種、他にダウンロードしているアプリなどを調べることができます。自社のアプリ開発にももちろん活かせ、プロモーションなどの戦略を考える際にも有用です。

情報分析ツール

生活定点

未来のことが予測できれば、ビジネス戦略を立てやすくなります。完璧に予測することは難しいですが、過去のデータを参考にすることで未来を予測するために、活用できるのが生活定点です。博報堂生活総研が調査した様々な生活者観測データが、なんと28年分も公開されています。他ではなかなか扱っていない、人々の感情、生活行動や消費態度、社会観など、多角的な質問項目から、生活者の意識と欲求の推移を分析した結果を見ることができます。

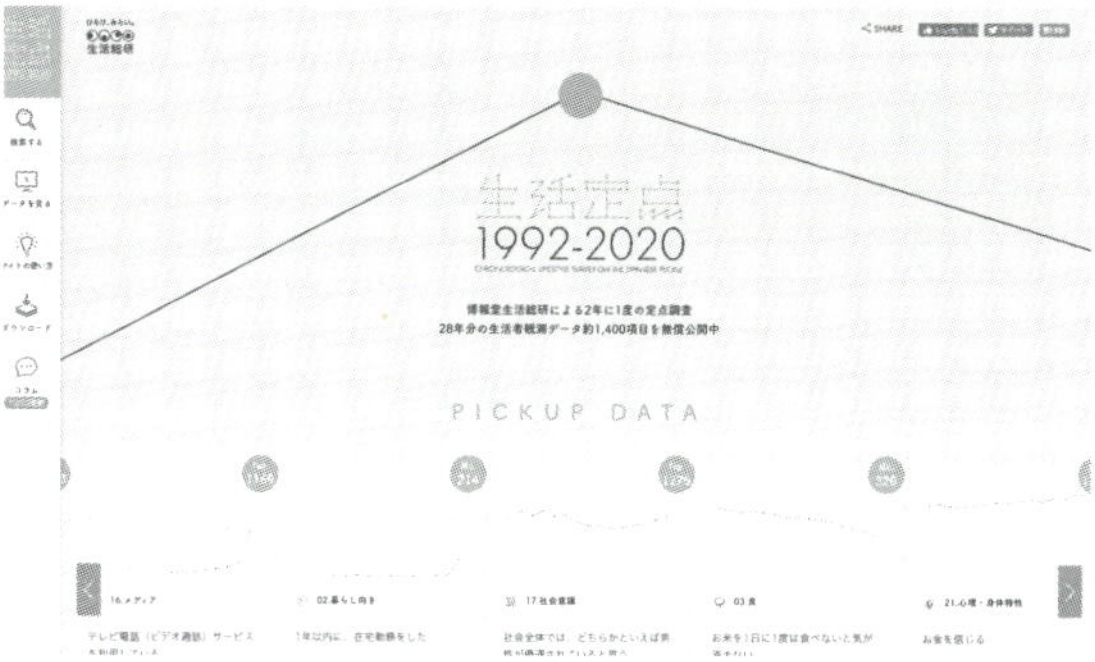

情報分析ツール

SimilarWeb

競合のWebサイトへのアクセス数やどのようなキーワードで流入しているかなどが、SimilarWeb社が開発した独自のアルゴリズムによってすべてデータとして蓄積されています。「価格.com」「P&G」「GREE」などなど、名だたる大手企業も導入しています。Web解析でアクセス数などがわかっただけでどう他社を分析できるの？と思った人もいるかもしれません。しかし、Webは今や顧客とのコミュニケーションツールとして欠かせないもの。そこには、その企業の戦略などが反映されています。特にWebを主戦場とするサービスを提供しているのであれば、SimilarWebを使った競合分析は必須と言えるでしょう。Webの世界は変化のスピードも非常に速いので、競合の一歩先をいくためにも、まずは競合の戦略を知ることが重要です。

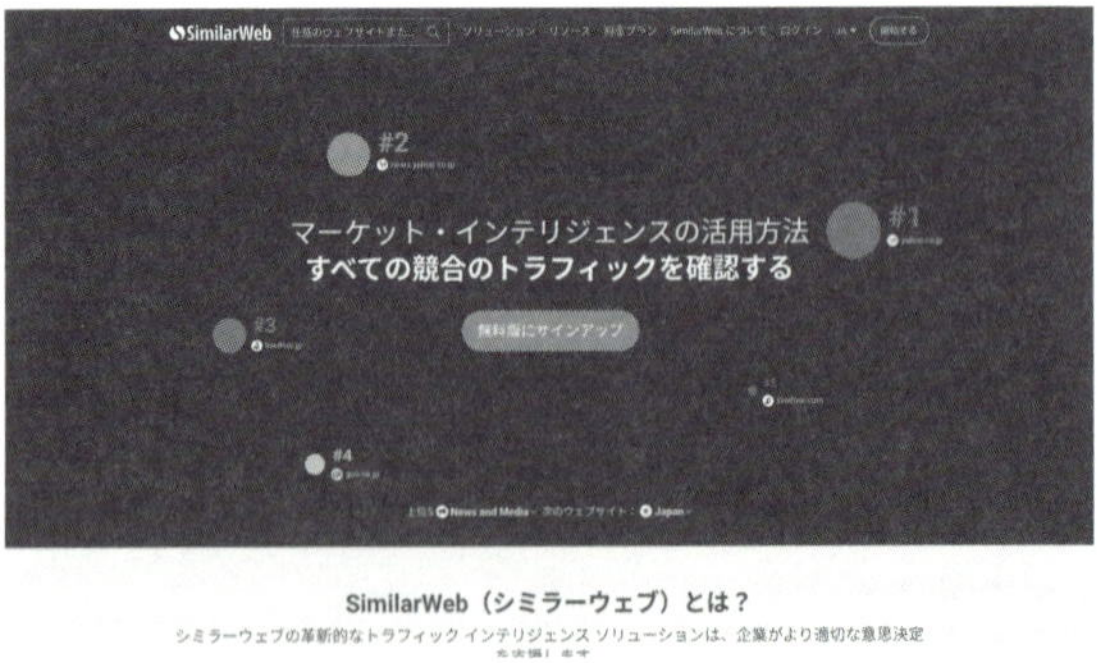
SimilarWeb
#2
#1
マーケット・インテリジェンスの活用方法
すべての競合のトラフィックを確認する
#3
#4
SimilarWeb（シミラーウェブ）とは？

情報分析ツール

statista

ドイツの会社が運営する統計データのプラットフォームです。世界中から統計データを収集していて、その数は100万を超えると運営会社は言っています。その言葉が本当かどうかはさておき、使ってみるとそのスゴさに圧倒されます。例えば、最近よくニュースでも話題になり、多くの企業がビジネスとして注目しているeスポーツ。その統計もあっという間に見ることができ、eスポーツの市場の推移などを簡単に知ることができます。残念ながら日本語には対応していませんが、英語が読める人、英語ができなくても「Google Chrome」の翻訳機能が優秀になってきているので、だいたいのことは把握することができます。

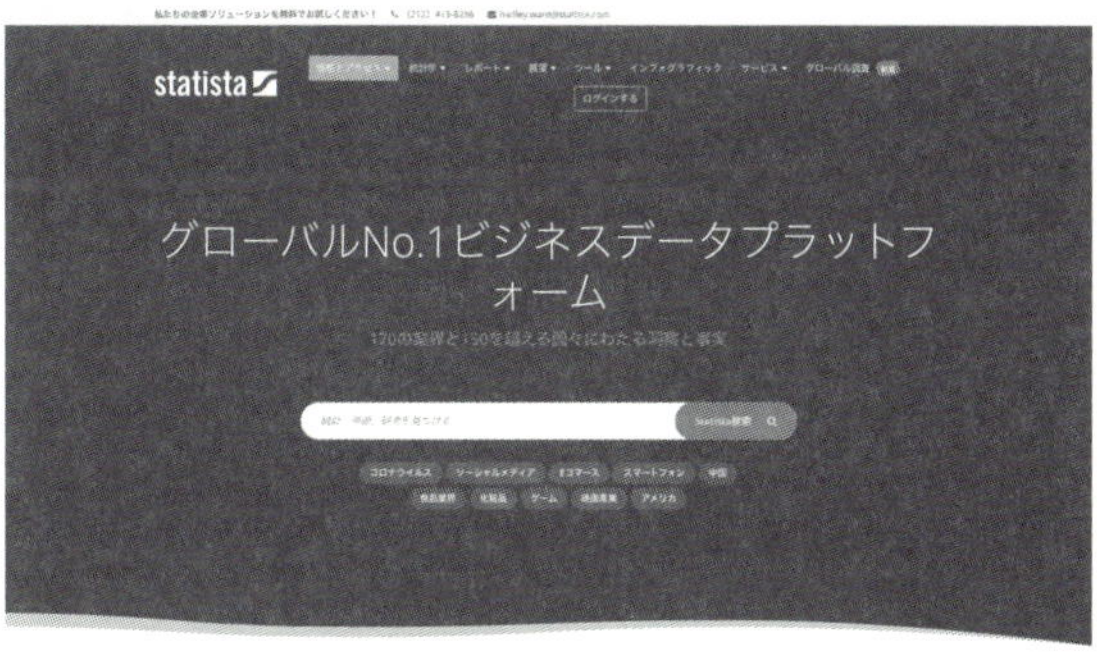

情報分析ツール

crunchbase

アメリカなど、海外のベンチャー企業の調査をすることによって、新規事業のビジネスモデルを考えるのに参考になる情報を得ることができるのがcrunchbaseです。企業概要はもちろん、財政状況もわかります。例えば、資金調達額はどれくらいなのか、資金調達源はどこなのか、またチームメンバー（CEOなど）の閲覧から、関連企業の発見することも可能です。気になるベンチャー企業を見つけたらぜひ、活用してみてください。

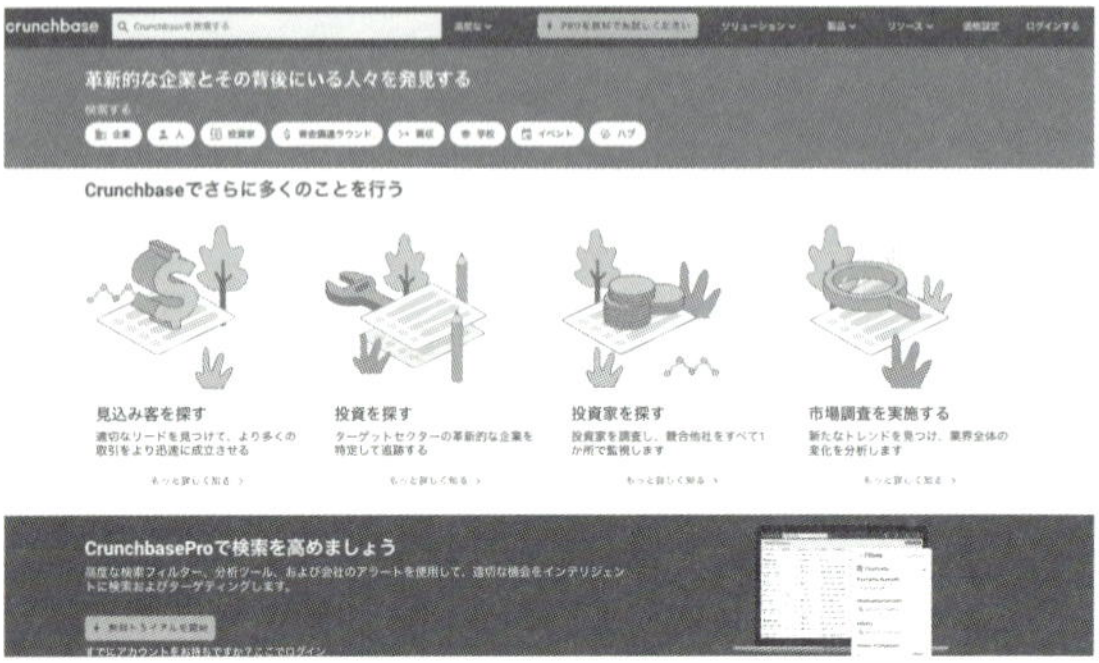

情報分析ツール

JMAR

国内最大級のデータ量を誇るデータベースを所持しているのがJMARです。所蔵する資料は、官公庁、業界団体、民間調査会社、シンクタンクなどが調査したデータです。国内の情報のみならず、海外の情報もあり、これらのデータはGoogleでもSNSでも見つけられないデータが多くあります。新しい情報ばかりでなく、時には古い情報から学ぶこともあるという意味では、JMARは78年分のデータを所有しているので、参考になるものが見つかるはずです。

情報は発信することで自分のものになる

ツール紹介のところで、自動的にSNSにアップできる「zapier」を紹介しましたが、単なる記録や情報共有ではなく、いつかビジネスに活用できるように自分の頭の中に記憶として定着させたいという場合には、復習をすることが大事です。

「エビングハウスの忘却曲線」をご存じでしょうか？

これは心理学者のエビングハウスが提唱しているもので、**人間は1度覚えても24時間後に74%を忘れてしまう**そうです。情報を得ても、その後何もしなければせっかく得た情報の4分の3も忘れてしまうのですから、復習の大切さがわかります。「ビジネスに活かせそうな情報だから忘れたくない」と判断したら、それを記憶に定着させるために発信することをおすすめします。私は手軽に情報を発信できるSNSを活用しています。

著名人や私の友人にもニュース記事をシェアしている人は増えていますが、他人に情報をシェアしたいという理由だけではなく、実は自分の情報整理を目的としている人がたくさんいます。私も100%、情報整理のために行っています。もしもSNSをやっていない、やりたくないというなら、同僚にメールするだけでも構いません。

その際に大切なことが、情報をシェアするときには、自分の考えもセットにして発信することです。

「こんな家電が新発売になったけど、これって必要なの?」「このショップの戦略はいいね。うちの会社でも検討しない?」といった簡単な意見でOKです。自分の考えの正否や周囲の反応が重要なのではなく、自分で考える癖をつけることが重要です。

発信すること、考えることが習慣化することで記憶への定着はより強化され、生きた情報として自分のものとなり、蓄積されていきます。

情報は一度触れただけでは、使える、つまり生きた情報にはなりません。復習をし、記憶に定着しているからこそ、ブレストのときや、企画を考えているときなどに、フッと必要な情報が降りてくるのです。

情報を自分の言葉で
発信する。それが
一番大事。
これ知ってる?
すごいよね〜
ね〜
聞いてよ!
も
キ
バタ
バタ
ジタ
ジタ
や

【やり方】情報は一度見ただけだと、どんどん記憶から薄れていってしまう。「これは気になる！」「いまの仕事に使えそう！」と思った自分にとって重要な情報を取捨選択して、SNSに自分の考えとともに発信してみよう。復習として情報について自分なりに一度考えてみることで、記憶に定着しやすくなるよ！ SNS発信と復習をして記憶に定着させる、これをセットとして習慣にしよう。

本から学ぶ

インプットには、地道にコツコツ積み上げていくものの他にも、ある分野に対して一気に情報を詰め込むというものもあります。

例えば、何か事業を立ち上げたり、新規の顧客先に営業に行くことになったり、企画を任されたときなど、みなさんは何をしていますか？

私はこういったときに必ずやることがあります。それは、**その業界に関連することが記載された本を、まとめて読む**ということです。

社会で経験することのほとんどは、学校では教えてくれません。それは実践を通して学んだり、先輩から教えてもらったり、会社の研修などで習うことがほとんどでしょう。

しかし、それも完璧でありません。

なぜなら部署が異動になったり、様々な業種のクライアントがいたり、ときには提供しているサービスが変わっていくこともあるからです。それらの状況が変わると、今までの常識はまったく通用しません。ましてや、今日は変化のスピードがものすごく速く、企業は周りの急速な変化に合わせて自らも変化していく必要がありますから、これからますますこういった状況は増えていくと言えるでしょう。

このような状況に対応するために、一番適したものが書籍だと私は考えています。

理由は簡単です。**書籍を一冊書くためには、それぞれのジャンルの専門家が様々なことを調べて、市場の課題を指摘したり、これからの業界の動向だったり、自分なりの仮説だったりを記載しています。そこに至るまでには膨大な時間と努力を経て、書物は書かれています。**

つまり、そのような書籍の内容を把握することは、インプットという意味ではとても効率的なのです。

また書籍によりますが、著者が実際に行ったビジネスで得た経験が語られているものも多くあります。5年、10年という時間を費やし得た著者が持つ知識や経験が、本を読むことによって疑似体験できることは、非常に有意義なものです。

書籍を選ぶ際には多少の当たり外れはありますので目利きは必要ですが、特定の分野を絞って5~10冊の本を読めば、知識やノウハウをある程度把握することができます。

例えば、同じ分野の本を数冊読むとどの本にも同じようなことが書いてあると思います。だとすれば、どの本にも共通していることは、その分野では重要なことであるということも理解できます。

このように**本から学ぶことは、市場調査や業界認知の時間を劇的に早めてくれるだけでなく、企画やプレゼンが成功する可能性を高めてくれます。**

本を読むことで、見える景色が変わる。

【やり方】AmazonなどのECサイトで関連書籍を見つけてみよう。例えば、カーシェアに関連するサービスなどを担当することになったら、「カーシェア」「シェアリング」などと検索。表示された本の中で、業界について説明しているものや、成功事例や評価が高い書籍をいくつかメモ。メモした本を数冊購入する、または最寄りの図書館で探して、読んでみよう！ そうすると圧倒的に知識が高くなって、資料のクオリティや会議での発言が変わるはずだよ！

第5章

質の高いアウトプットを引き出す思考法

アウトプットするには前提がいる

仕事で成功する確率を上げていくためには、質の高いアウトプットを出し続けることが大事です。

どんなに良い情報やアイデアも、形にして相手に伝わらなければ意味がありません。そして、相手に伝えるためには、自分の考えていることをきちんと整理して、可視化する作業が必ず必要になります。

手段はPowerPointだったり、Keynoteだったりと、それぞれ使うツールや手法は異なりますが、そのアウトプットを質の高いものにするために、大事な前提があります。

質の高いアウトプットをするための前提、それは「何のために」という目的がいるということです。

これがないとどんなに良い情報を持っていても、どんなにたくさんの情報を持っていても、先に進むことはできません。

まずは、自分が「何をしたいのか？」をきちんと考えましょう。

すでに「これをしたい」という目的がはっきりしている場合は、インプットのところから違ってくるでしょう。目的が見えない状況では、ただやみくもに情報を集め、その中から何かのヒントを得ようとしている状態かもしれませんが、目的さえ決まってしまえば、インプットはその目的を成し遂げるために必要な情報を効率よく集められるように変わってきます。


とはいえ、目的がはっきりと見えていない人も多いと思います。しかし、自分の状況、会社の状況をいろいろ考えてみてください。そうすると、目的がまったくの白紙ということもないと思います。

例えば、「飲食に関することをしたい」「マーケティングに関することをしたい」など、ある程度はやりたいこと、もしくはやらなければいけないことのジャンルは見えてくると思います。

それが見えたら、あとはひたすらその分野の情報をインプットしてください。これを続けていくことで必ず「これだ！」というものに出会えたり、ふとアイデアがわいてくると思います。

そして、目的が持てたら、いよいよインプットした情報を元にアウトプットとして形にします。その際、質の高いアウトプットを引き出すのに私がいつも使っている4つの思考法があります。次項からはこの4つの思考法について1つずつ解説していきます。

【質の高いアウトプットを引き出す4つの思考法】

自社のことを考える
業界のことを考える
他社のことを考える
海外のことを考える

こうやって
ああやって。
アウトプットをイメージせよ!!
それから作業に
はいるべし。
や

【やり方】目的を見つけよう。「自分がやりたいこと」「会社が目指していること」「会社で求められること」「クライアントが欲していること」「自分の身の周りの人が欲していること」を考えて、書き出してみよう。そのなかから「これだ！」という目的が見つかるかもしれないし、「やっぱり、こっちの方向かな」という方向性が見えてくるよ。目的は行動していく段階で変化していくものだから定期的に考えることが大事だよ！

アウトプット思考法①

自社のことを考える

新しいことを考えるときに、一番最初にヒントになるのが、この自己・自社分析です。

自己分析であれば、自分自身はどんなことが得意なのか？

自社分析であれば、自分の会社はどうして生まれたのか？　どんなアセットを持っているのかなどになります。

それらを一度整理し、ノートやホワイトボードなどに書き込んでみてください。

自分・自社が強みとしているところはどんなところなのか。自分が感じているものでも構わないです。こういった考えを繰り返していくうちに、いろいろな自分や自社アセットが見えてくるはずです。

意外に知らないことが多いのが、自分の会社がどうして誕生したのか、経営者はどういう思いでこの会社を作ったのかです。この背景や思いを知ることで、会社の考えている方向性が見えてきます。

これは意外に重要です。ここがずれてしまうと企画の方向性もずれはじめます。そうなると必ず、「なぜそれを、うちの会社でやらなくちゃいけないの？　他でやればいいじゃん」という話になってきます。

だから、根本的な方向性を見失わないためにも、自分の会社が置かれている社会的な立ち位置や、ビジョン、目的など、様々な観点で情報を収集してみてください。


大手の企業であれば大抵、Ｗｅｂなどどこかしらに記載されていますが、仮にそういったものがない場合、ぜひ創業者を訪ねてみてください。「今、新規事業を企画しております、うちの会社がどうしてできたのか？　どんな思いでこの会社を作ってきたのかを教えてください」と聞いたら、おそらくほとんどの人が喜んで教えてくれるはずです。創業者がすでに引退していたり、亡くなっていたら社長や役員に話を聞きに行ってもいいと思います。

大きい会社であれば、そういった方々と話す機会はなかなかないものですし、話すネタもないと思いますが、このような機会を作ることで、顔と名前も覚えてもらえます。「こいつ、いいな。ガッツがあるな」と思ってもらえたら、なおいいですし、その確率も高いでしょう。

そして、そういった昔話の中に、必ずヒントになるようなことがあるはずです。仮にヒントが見つからなかったとしても、企業人として、この会社で働くということに「誇り」が芽生え、新規事業を作っていく際の精神的な支えとなってくれるはずです。

「そんな自社のことを調べるなんて！」と思っている方は、だまされたと思ってぜひ一度話を聞いてみてください。1、2年後に「やってよかった。聞いてよかった」と思うはずです。そして、どうせやるのであれば「誰に聞かれても会社の過去を一番知っている人になる」くらいの気持ちで情報を収集してみてください。

アウトプット思考法②
業界のことを考える

次に調べておくと参考になるのが、業界分析です。

なぜ業界分析がヒントになるのでしょうか？　それは、同じ業界に属している企業は同じビジネスモデルで経営しているパターンが多く、経営課題が同じである場合が非常に高いからです。

だからこそ、業界を研究することで、課題や対応策のヒントになるものがきっと得られるはずです。

まずは、**業界全体の市場規模や取引先、売り先などを調べてみてください。**

要するに、お金やモノがどう動いているのか。これらを明確にしていくといろいろなものが見えてくるはずです。

そして次に、**業界としての成長性や安定性について調べます。**今は売り上げが大きな市場でも、業界全体が数年後にはシュリンクしていく状況では、事業を大きく成長させていくことは難しくなります。自分たちの業界が数年後、数十年後、どうなりそうなのかを考えておく必要があります。

もちろん、完璧に未来を予想することなんてできません。

しかし、ＡＩやロボット、クラウドなどのテクノロジーの活用により、自分たちの業界がどうなっていく可能性が高いのかを知っておくことは非常に大事です。

これまでと同じ業界、同じビジネスモデルでビジネスを企画するのか、はたまた今までとはまったく違うビジネスモデルを考えていくのか、それらを見つけ出すいいヒントになるはずです。

アウトプット思考法③

他社のことを考える

ライバルの企業が何をしているのか、どんな新規事業を手がけているのか、どんなところに投資しているのか、競合他社の事業を調べることは重要です。

同じビジネスモデルの企業が取り組んでいる内容は、自社にとっても非常に参考になるからです。

例えば、企業が新規事業に取り組むときには、必ず何か目的があります。その目的がなんなのかを推測することで、自分たちの新規事業アイデアの創出や既存ビジネスのシェアを取られないようにするための戦略を考えていくことができるようになります。

他社を調べるときには、データをいかに集められるかが非常に重要です。第4章で説明したような様々なツールを活用して情報を得るという作業を繰り返します。他にも1つヒントをお伝えすると、各企業からリリースされているＩＲのデータを過去5年分ほど取り寄せ、徹底的に読み込んでください。実は、このＩＲデータは他社のことを知る上では宝箱のような価値のあるものです。

なぜなら、ＩＲデータには今どんなサービスをやっているのか、それは売り上げがどれくらいで、会員数がどれくらいなのか、何が要因で成功・失敗したのか、そして、これから何を仕掛けていくのかが書いてあるからです。

もちろん、すべてを正直に書いていないケースもありますが、そこから得られるデータは、何かを企画する際にかなり有益な情報となります。Ｗｅｂで、「ＩＲ情報　各社」などと検索すると、まとめサイトなども出てきますし、各企業のＩＲ情報を見れば、必ず投資家向けに説明するプレゼン資料が見つかるはずです。

データを入手後、整理していくと、ビジネスモデルや各事業における売り上げ、どういう戦略で、これから何に投資をしていくのか、チャレンジしていくのかを可視化することができます。複数の企業を分析することで、自分の考えている事業やサービスを深堀りしていくのに、必ず役に立つでしょう。

アウトプット思考法④ 海外のことを考える

「うちは海外でビジネス展開するつもりはない」とお考えだったとしても、海外分析も必須です。

なぜ海外まで分析する必要があるのかというと、すでに同様のビジネスで成功した・失敗したモデルなどが存在している可能性が高く、それらは企画のアイデアを考えるときや、企画した事業を実際に行うときの参考になります。

国によって宗教が違ったり、考え方や文化、国民性なども異なりますが、技術面、マーケティング、ビジネスモデルなどは非常に参考になります。

中でも私がとくに注目しているのが、インドと中国です。

インドは最先端テクノロジーを使うのではなく、既存の技術をうまく活用しながら新しいサービスを生み出すのに長けています。それは貧しい方も多く、多くの人に使ってもらうためには、サービスの価格を下げる必要がある。サービスクオリティを上げていきながらも、次々に進化するITにも対応していく。そのためにアイデアとオールド技術を活用しているパターンが多く、その展開の仕方は非常に参考になります。

中国はとにかくスピードが世界で一番速い。新しいことはバンバン取り入れて、実証実験を行いながら、修正していくというPDCAサイクルが非常に高速で回っていて、日本以上にサービスレベルが研ぎ澄まされてきています。

やはり、実際にやっている、動いているということは非常に参考になります。いろいろなサービスを実行しようとしたときにどんな課題が出てきて、どう解決していったのか。また、サービスが成長してくると、どんな横展開が可能なのか、どんな技術や事業が誕生してくるのか、など参考になる箇所がたくさんあります。

イメージするサービスを構造化してみる

さて、「自社」「他社」「業界」「海外」という4つの視点で考えることを紹介してきましたが、あらためて整理してみましょう。

①自社分析：会社の誕生秘話・社会的役割など
②業界分析：業界全体の数字
③他社分析：他社状況の把握（ＩＲデータなど）
④海外分析：海外の同様事業の調査

この4つの情報をきちんと分析すると、たくさんのことが見えてきているはずです。

例えば、自分と同じ業種の企業が、まったく異業種で一見シナジーがなさそうな企業にかなりの金額を投資していることを突き止め、それを分析していく。すると、海外の企業でも同様なケースが見られた。

その理由を探ると、実は技術革新が起きていて、その技術によって自分たちの業種がかなり影響を受けることがわかり、同業種の競合はその技術革新のコアテクノロジーを押さえにいっていることが判明。

そうなれば、自分たちも技術革新のコアテクノロジーの研究開発や買収するか、またはそれらを全体的に取り仕切る、サポートするようなサービスなどを考えるなど、様々なサービス案を考えることができる。

そして、それらのサービス案のなかで、自社のアセットを生かすことができ、他社との差別化もできて、さらに市場規模などのデータを加味して考えると、どのサービス案を選択するべきかという優先順位をつけることができる。優先順位をつけたら、それら一つ一つを優先順位に合わせて深堀りしていく。

というようなことが４つの視点の分析から見えるようになるのです。

人によってはこういったことがデータがなくても直感的にわかり、アイデアが出てくる人もいますが、それは一見すると直感のように見えるのですが、実は今までの経験や、どこかで得た情報が頭の中にインプットされていて、無意識に自分の中で分析している可能性が高いでしょう。そこまでできるようになればすばらしいですが、ほとんどの人は分析にも慣れておらず、情報を収集しても、これから何をすればいいのかわからない人もいるでしょう。それが新しい事業や企画となれば尚更です。

では、どうすればいいのか？　ここまで4つの視点で情報を集めて分析した上で、どんなことをすれば具体的なイメージが掴みやすくなるのかお伝えします。

それは、ビジネス書でよく見る3つのフレームワークを使います。

3つのフレームワーク
・SWOT分析
・4象限マトリクス
・PEST分析

SWOT分析

	目標達成に寄与	目標達成の障害
内部環境	強み Strength — 競合と比較しても優位性がある点	弱み Weakness — 競合と比較すると劣っている点
外部環境	機会 Opportunity — 目標達成に向けて追い風となる外部要因	脅威 Threat — 目標を達成する上で障害となる外部要因

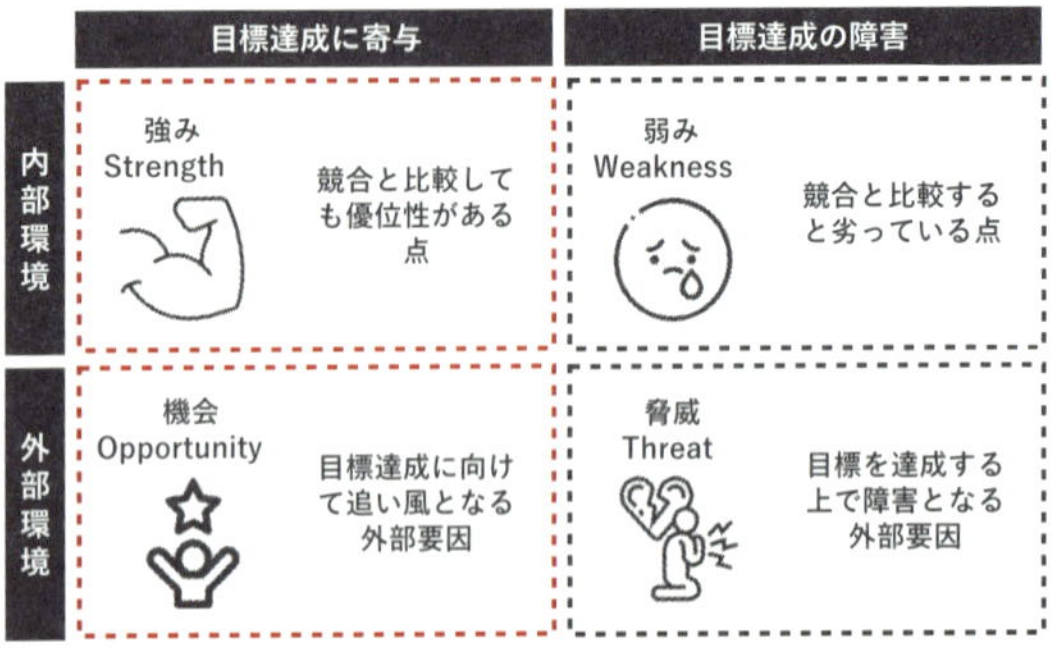

自社を取り巻く環境の現状分析する。事実情報を整理することで、新たな課題や解決方法が見つかる場合もある。

実現可能性を判断するにも有効

SWOT分析は、自社の現状をS（Strength）：強み（競合と比較して優位性がある点）、W（Weakness）：弱み（競合と比較して劣っている点）、O（Opportunity）：機会（目標達成に向けて追い風となる外部要因）、T（Threat）：脅威（目標を達成する上で障害となる外部要因）という4つの視点で分析するフレームワークです。

4象限マトリクスは、これまで得た情報からどの領域を攻めていくべきかを考えるときに、顧客をタテ軸とサービスをヨコ軸として、それぞれ新規と既存に分け、合計4つのマスのどこを攻めるべきかを考えるフレームワークです。

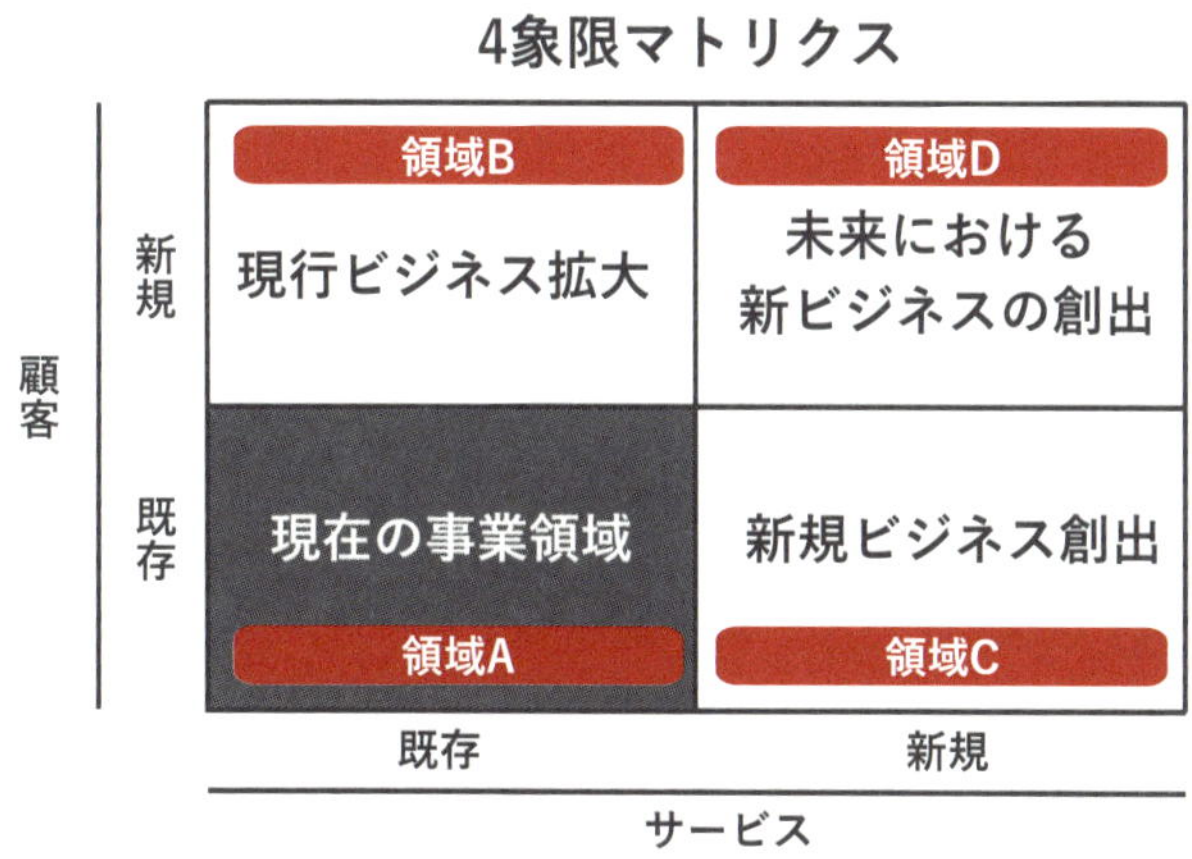
4象限マトリクス
領域B
現行ビジネス拡大
領域D
未来における
新ビジネスの創出
現在の事業領域
領域A
新規ビジネス創出
領域C
顧客
新規
既存
既存
新規
サービス

**そして、情報を整理し、
どの領域で攻めるべきかを考える。**

PEST分析は、参入するビジネスがどのような外部環境に置かれているかを分析するフレームワークで、P（Politics）：政治的要因、E（Economic）：経済的要因、S（Social）：社会的要因、T（Technological）技術的要因を検証するフレームワークです。

こちらの3つのフレームワークの存在は、知っている方も多いと思います。が、しかし自社、業界、他社、海外という4つの視点で情報を集め、分析を経た後にこの3つのフレームワークを使って分析すると、結果が全然変わるはずですから、ぜひ試してみてください。

PEST分析

政治的要因
Politics
法律、政府・関連団体の動向、税制、裁判制度など
経済的要因
Economic
景気動向、物価、消費動向、経済成長率、為替など
社会的要因
Social
人口動向、世帯、老齢人口・少子化、流行・世論など
技術的要因
Technological
インフラ、イノベーション、新技術、技術開発など

参入するビジネスがどのような外部環境に置かれているのか把握する。そもそも法律で禁止されていないか、社会環境（少子高齢化など）はビジネスにどう影響しそうなのかなど判断する

実現可能性を判断するにも有効

自社、業界、他社、海外という4つ分析、そして3つのフレームワークを使った分析、これらを行うことで道筋が見えてくるでしょう。

　これらのデータを調査し終わった後に、当初自分が元々企画したり、思い描いていたサービスを、改めて見てみると恐らくこう感じているはずです。

「すでに他社がやってるじゃん……。しかも撤退してるし」

　ほとんどのことはすでに他社が実施している可能性が高く、完全なブルーオーシャンを見つけることは非常にハードルが高いです。自分自身が「お、ここはブルーオーシャンだ！　参入するべし！」と思っていたとしても、それは情報収集不足だっただけで実はブルーオーシャンではなかったり、誰も参入していなかった場合は、市場がなかったり、ユーザーニーズがなかったりなどの理由があり、ブルーオーシャンに見えるだけだったりする可能性が高いです。

しかし、他社がやっているから自分たちはだめなのか？　というと、そういうわけではありません。チャンスはどこかにあります。その道を示すために今まで取得したデータが非常に有効なのです。

さて、本章ではアウトプットについて詳しく説明してきましたが、「ここまでやる必要あるの？」と思う方もいるかもしれません。

しかし、私は必要なことだと考えています。

人が仕事を誰かにお願いするときや、一緒に仕事をしたいと思うときはどんなときだと思いますか？　それは自分にとって「役に立つ」「メリットがある」「刺激を受ける」「モチベーションが上がる」など人それぞれ違いますが、プラスに働く要素があるから、その人に何かをお願いしたいと思う傾向が強いと私は考えています。

つまり、誰かが自分に仕事をお願いすることがプラスになる思ってもらうためには、そう思ってもらえるための根拠となる「何か」が必要になります。

その何かのうちの1つが情報になります。経験や調査をベースとした数字など、これらの情報を理解した上で、発言するコメントは、思いつきで言っているコメントとは重みが違います。第3章でも解説した「思考を変える」、この思考とインプットデータが非常に重要で、これらがあるから他人にプラスのイメージを持ってもらうことができる。この気持ちを相手に持ってもらうことが成功の近道になります。

相手から情報を引き出す

アウトプットする際に必ずやっておいたほうがいいことがもう1つあります。

それは、相手から情報を引き出すということです。

例えば、相手がクライアントだった場合は、情報を正確に聞き出さなければ、良い結果を得ることは難しいでしょう。理由はアウトプットするものの方向性がズレる可能性があるからです。つまり、顧客が望むものと提出する成果物が合っていない、独りよがりの案になってしまう可能性があるということです。相手の望むものとのマッチングの精度を高めていくためにも、相手から情報を上手に引き出すことが必要なのです。

ただし、ただ聞けばいいというものでもありません。なぜなら、クライアント自体も課題などに気がついていない可能性もあるからです。相手も気づいていないものをどのように引き出せばいいのでしょうか？

私は相手が気づいてない、もしくは気づいていたとしても正しく捉えられているとは限

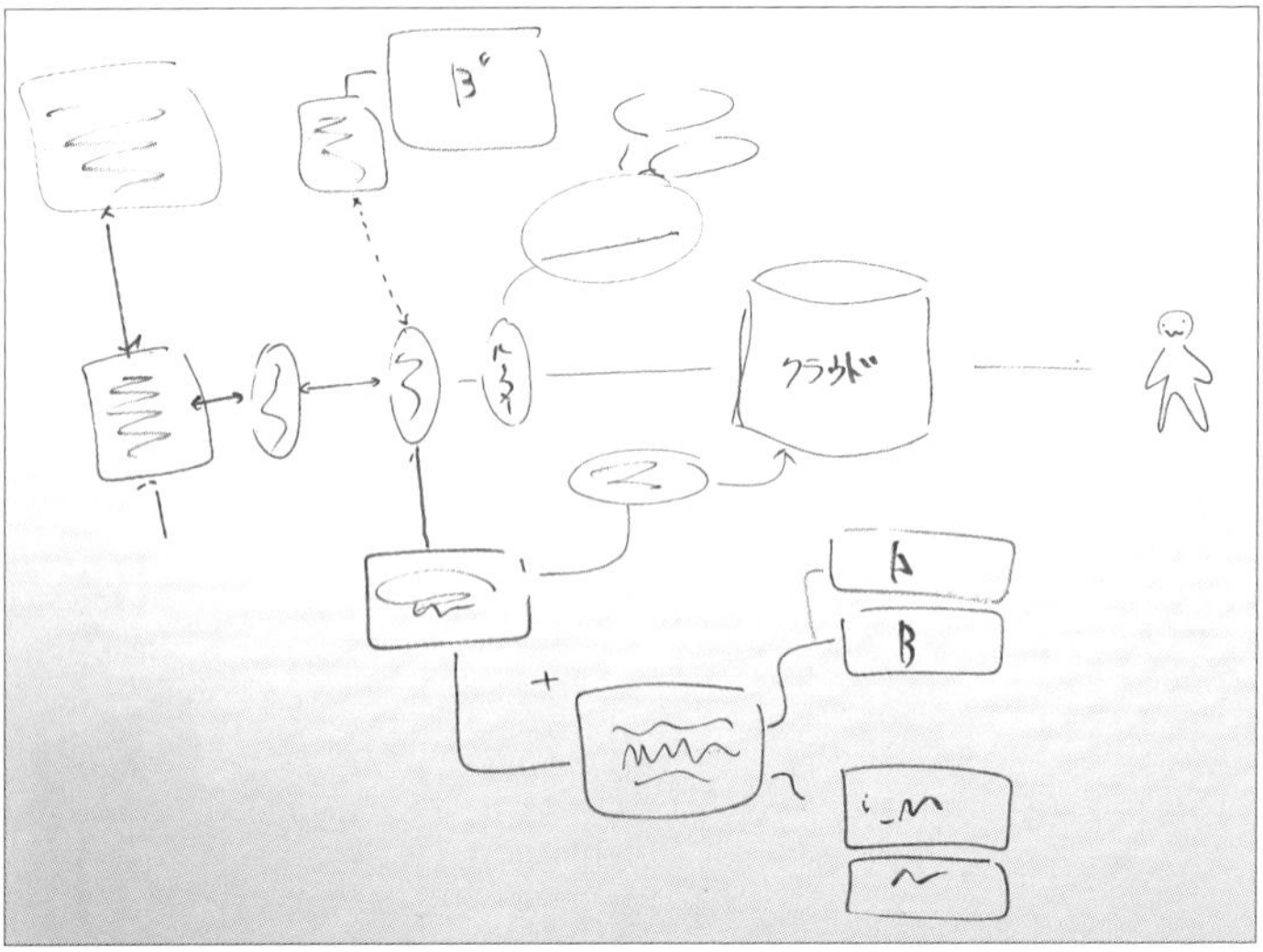

らない場合、相手に質問を投げかけ、壁打ちをしながらブラッシュアップしていき、少しずつ答えを見つけていくようにしています。

　このときによく用いる手法は、四角と円、矢印でビジネスモデル・相関図をわかりやすく可視化することです。このようにビジュアルにすることで、このビジネスの重要な核となる部分はどこになるのか、キーパーソンは誰なのか、などが発見しやすくなるからです。

　ビジネスモデルをピクトグラムというイラストを使い、モノと金の動きをわかりやすく可視化することから始めることで、会議でのお互いのミスコミュニケー

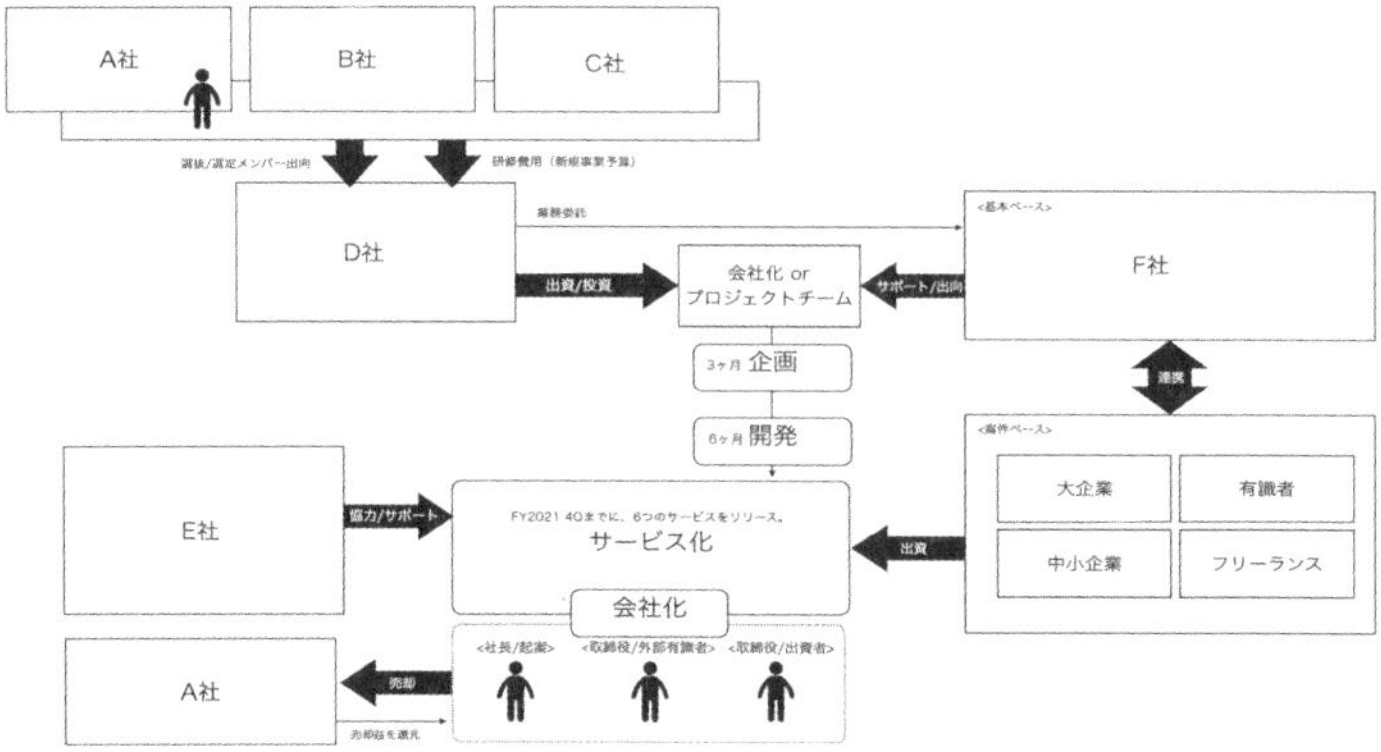

ションを防ぐことが可能です。

言葉だけだと認識がズレることが時々あるので、イラスト化し、登場人物、モノの流れ、金の流れを整理し確認することが非常に重要です。この手法が非常に効果的で、ホワイトボードやPowerpointの画面を使いながら、リアルタイムで相関図を作成していきます（右ページ写真）。これを実施すると、しないとでは、理解度の深さがまったく異なります。それをして、それを後で資料としてまとめたものが左ページの図です。

まずはホワイトボードに実際に描いてみることが重要なので、ぜひ一度試してみてください。

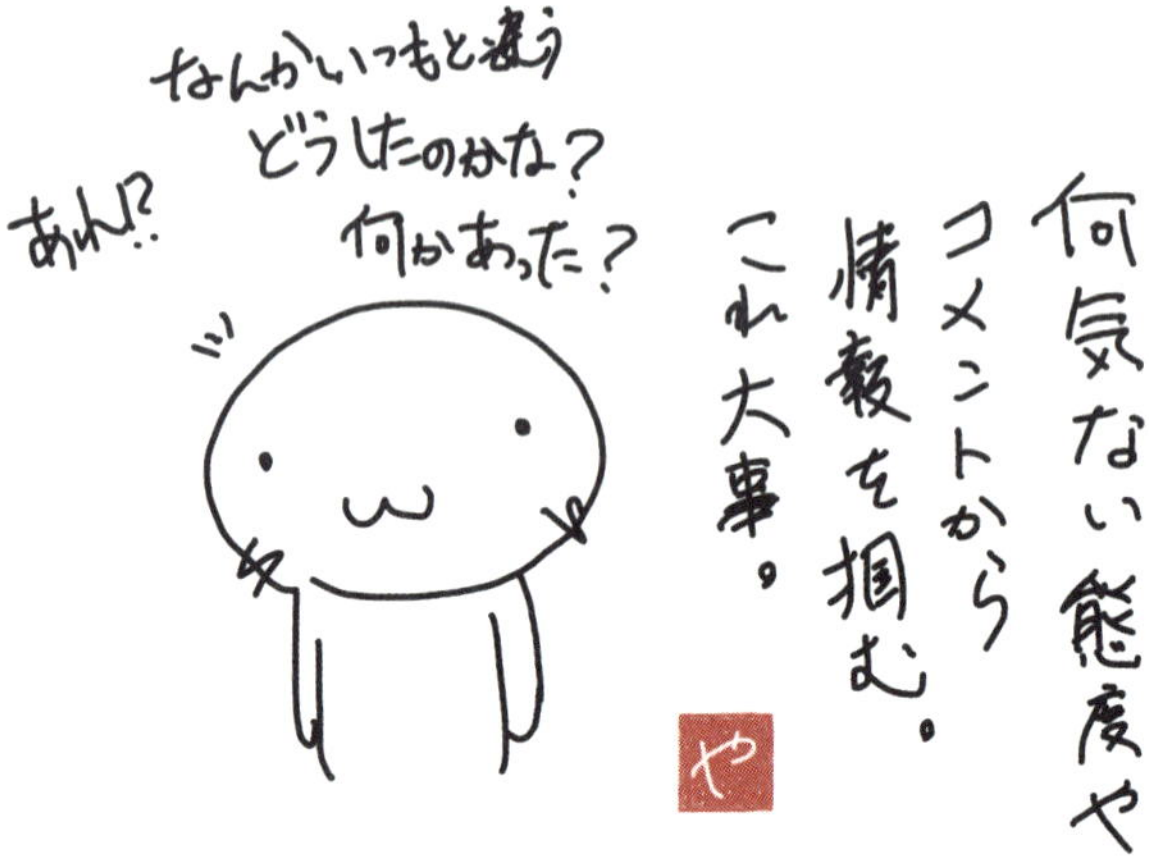
何気ない態度や
コメントから
情報を掴む。
これ大事。
や
なんかいつもと違う
どうしたのかな？
あれ!?
何かあった？

【やり方】アウトプットするときは、そのアウトプットを見せる相手から情報を聞き出しておこう。独りよがりのアウトプットだと、相手の望むものとのミスマッチが起こるかもしれないから気をつけて。相手から情報を引き出すときには、相手が自分でも気づいていないところまで掘り下げられると◎。相手の話を聞きながら、図形などを使って視覚化して、相手の頭のなかの整理を手伝ってあげるイメージでチャレンジしてみよう！

考えをまとめるときは書き出す

質の高いアウトプットを引き出すためには、自分の考えていることをきちんと整理して、可視化することが大切というお話をしましたが、これは慣れるまではなかなか難しい作業だと思います。

私は、情報整理をするときには、必ず書き出すという方法をとっています。

頭の中で考えるだけよりも不思議と書き出したほうが情報や考えが整理され、まとまるのです。書き出すのは、メモ帳でもノートでもホワイトボードでも構いません。慣れていないはじめのうちは、情報やアイデアをダラダラと記載するだけでも書かないよりはぜんぜん変わってくると思います。慣れてくると徐々に要点を整理しながら書けるようになってくるでしょう。

私は整理したい内容によって様々な形で書き出しています。

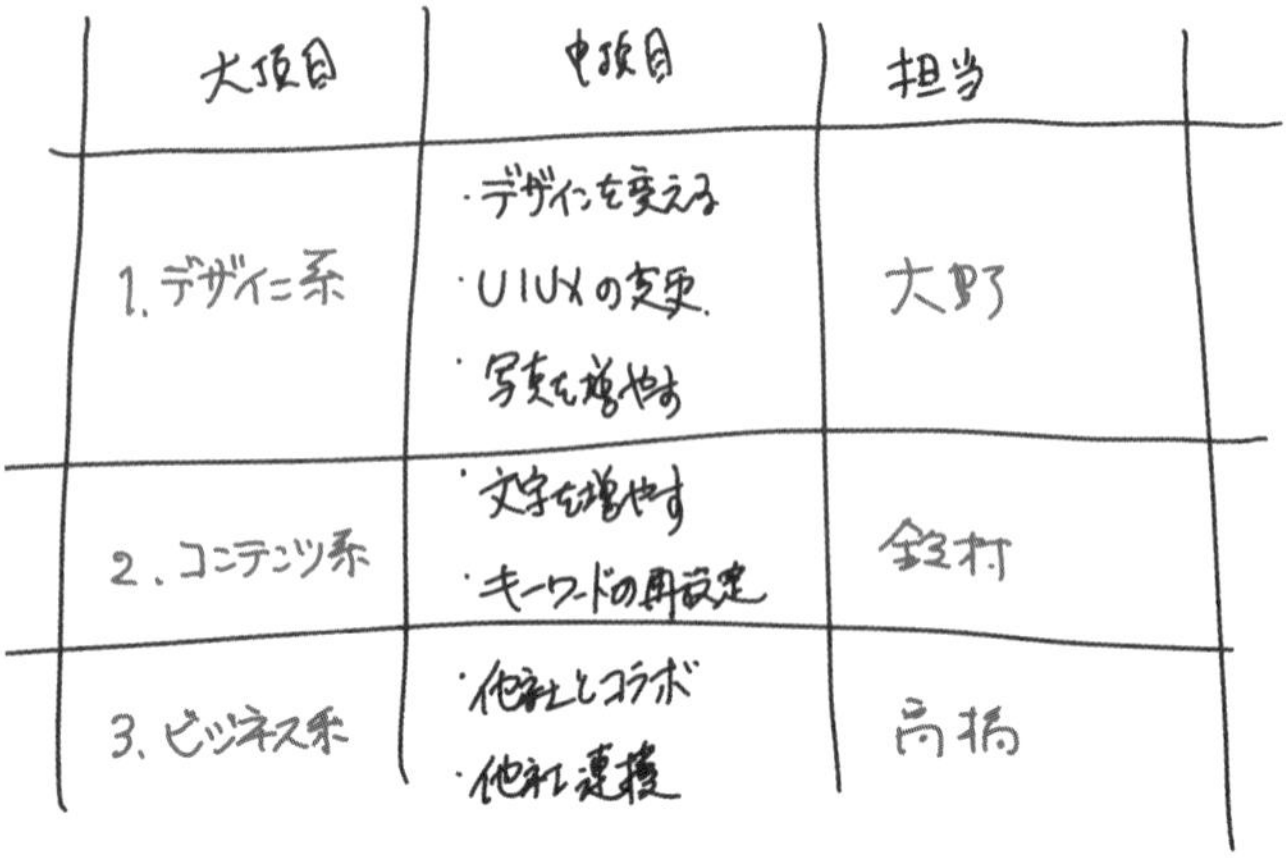
大項目
中項目
担当
1. デザイン系
・デザインを変える
・UIUXの変更
・写真を増やす
大野
2. コンテンツ系
・文字を増やす
・キーワードの再設定
鈴村
3. ビジネス系
・他社とコラボ
・他社と連携
高橋

アイデアをまとめたいときには、文字情報を大項目、中項目に分類して書き出していきます。最初の段階ではまず、中項目から書き出していきます。中項目を書き出す際には、大項目を設定するとしたらどんなものになるのか、ということを意識しながら書き出していくと、自然と大項目が見えてくるはずです。

そして大項目まで整理できると、どこを注視すべきなのかということがわかってきたり、ジャンルや領域、そして、誰が担当するなど、やるべきことなどを見える化することが可能になります。

また、ビジネスモデルをまとめたいときには、図形を活用することが多いです。図形を活用することでビジネスフローを構築したり、問題点

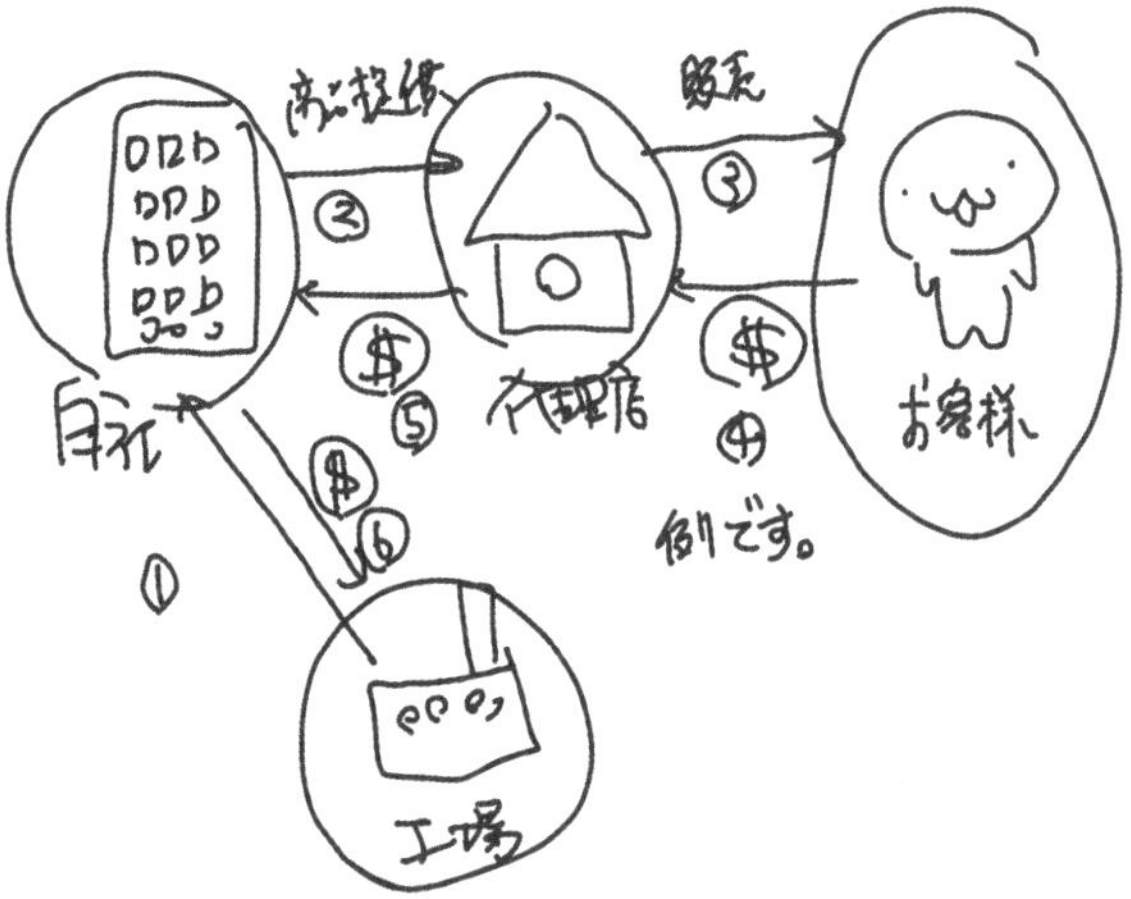

を整理したりすることが簡単にできます。まずは登場する人物を円で囲います。それから扱うモノなどを周りに記載しながら、役割分担や業務フローを書き込み、そこから足りない箇所や問題点を洗い出すという順序で整理していきます。

　書き出したものは、そのまま資料などに活用したり、チームのメンバーに共有したりできるので、その後の工程もスムーズになりますから、考えをまとめたいときには書き出す癖をつけるようにしましょう。

思ったことを書いて見る。
さすれば道は開かれる。

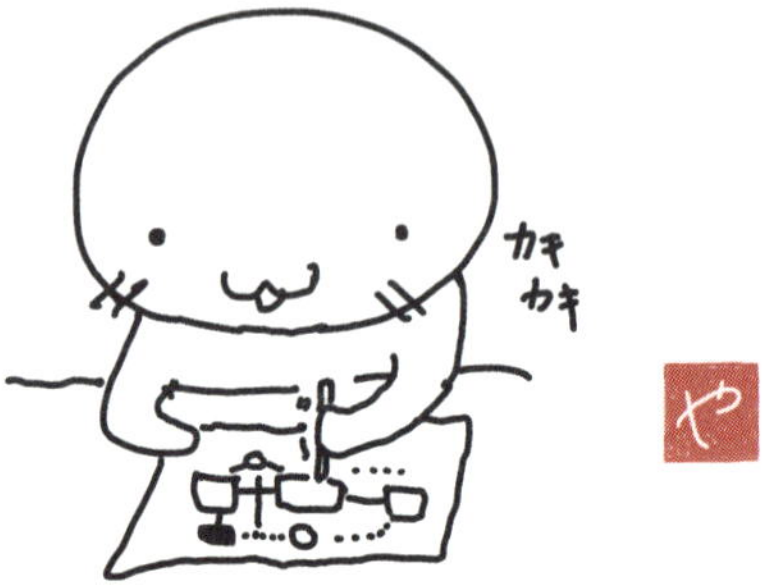

【やり方】アイデアや意見、自分の考えをまとめたりするときは、書きながら中項目を整理し、それらすべてに当てはまるキーワードを大項目に設定すると、整理しやすいぞ！ 円や四角などを組み合わせて、登場人物や扱うモノ、お金の流れなどを絵や図形にしてみよう！ 絵で見せると、とっても見やすくて、みんなに理解してもらえるようになるよ！ 書き出すと不思議と考えがまとまっていくから、すぐにでも試してみよう！

第6章

ひとり会社でも信頼を勝ち取る仕事術

神速で対応する

ここからは様々な情報を収集し、それらを活用し、どうやって成功する確率を高めているのか、何をしているのか、ということを解説していきます。

大量のインプットをして、それを分析し、様々な情報を組み合わせて、アウトプットする。私はこれに加えてさらに大切にしていることがスピードです。

相手の求めるものに対していかにして的確に、そして瞬時に答えを出せるか。相手の期待を上回る神速で対応することで私のようなひとり会社でも信頼は高まり、また次に声がかかるようになります。

対クライアントだと、相手が常に自分の得意なフィールドで依頼してくるとは限りません。様々な変化球を投げてくる可能性があります。すべての球種に対して対応することはかなり難しいです。ラッキーヒットが一度はあるかもしれませんが、立て続けにヒットを打つことはできません。瞬間的に判断して、神速で対応するためには、やはり事前にかなりの準備が必要になります。その準備があるからこそ、様々な変化球に対して対応が可能になります。

では、どういう準備が必要なのでしょうか？

私が考える準備というのはほとんどの場合、何か事が起きてからするものではなく、日頃から何がきてもいいようにしておくことです。第4章ではインプットとして情報収集の重要性をお伝えしましたが、これも準備の1つといえます。

天才であればその場で投げられた情報に対して瞬時に処理して、その状況ごとに合わせた答えを導き出せる人もいるのかもしれませんが、私のような落ちこぼれの場合は日々の積み重ねがものをいいます。IT機器を使いこなす話をしましたが、まさにこれらの機器を自分の脳を補助する機能として活用し、瞬時に答えが導き出せるように事前準備をしておくのです。

具体的に何をするかと言うと、大きく分けて2つあります。**フォーマットを用意しておくことと、インプットしている情報を瞬時に引き出せるようにしておくことです。**次項から詳しく説明していきます。

素早い対応「神速」をマスターするには、日々鍛錬が必要。

や

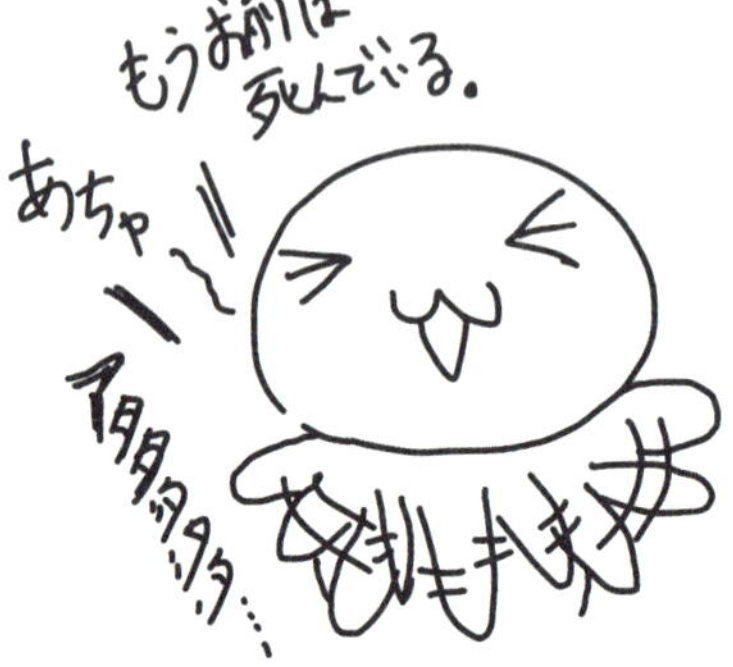

【やり方】依頼された仕事はとにかく速く、そして正確にということを心がけて対応しよう。それこそ、相手が期待している以上に納期を短縮することで、相手からの信頼は一層と高まるはずだよ。信頼が生まれることで、ひとり会社であっても関係なく、継続して仕事の依頼が来るようになるはず。そのためには、準備をきっちりしておこう。

フォーマットがすべての仕事を変える

前項お伝えした準備の1つ、フォーマットを用意しておくことについて説明します。

すべての物事には基本があります。その基本となる骨組みをフォーマット化しておくことで、仕事の効率が上がり、対応も確実に速くなる上に、抜け漏れなどのミスも少なくなります。

マーケティング、新規事業、営業戦略、Web制作、アプリ開発など、あらゆる実務を行うためには、検討しなければいけないことや、必要な作業がたくさん発生します。それらを各フェーズごとにフォーマットを作成するようにしています。

例えば、クライアントからPRイベントの企画の依頼が来たとします。その際に、フォーマットがあると検討すべきことはすべて盛り込まれているので、クライアントへのヒアリングも非常にスムーズに運びます。「開催日時は？ 予算は？ 場所は？」というようにフォーマットにしたがってヒアリングしていけば抜け漏れなく情報を聞くことができるでしょう。

また、ヒアリングしていて項目が埋めれない場合は、それらは課題として早急に検討する必要があることが判明するなど、対応も明確になります。的確に回答できたり、発言ができるだけで相手に与える印象が大きく変わりますし、またフォーマットがあると、打ち合わせの場における主導権を確保しやすくなります。

フォーマットの良いところはまだあります。ヒアリングなどでフォーマットを埋めたら、それをPowerpointなどに貼り付けるだけで、一瞬で資料を作ることも可能になるのです。

このときにさらにGoogleスライドや、Googleスプレッドシートを使うと便利です。理由は、2つのサービスは連携していて、スプレッドシートを変更すると自動的にスライドにも反映されるため、資料作成に費やす時間を大幅に削減することが可能になります。

このようにフォーマットを作っておくことはメリットしかありませんので、ぜひ各ジャンルごとのフォーマットを自分自身で作っておくことをおすすめします。

項目	サービス概要
ID	MTG0000000
名称	ドローン市場調査業務
業務	ドローン戦略業務構築にあたり、必要な業務は以下の通り。 1.市場調査 2.競合調査 3.想定領域算出 4.市場規模算出
効果/目的	• 経営層にドローン戦略を上程できる資料作り
作業項目	• 本社での打ち合わせ（隔週/各1h） • 国内/海外含めた市場調査レポート • その他期間中に制作されるドキュメント
業務詳細/成果物	1.市場調査 • web解析 • トレンド • SNS分析 • 市場規模 • マーケットデータ 2.競合調査 • 競合企業算出 • web調査 • アプリ調査 • リリース調査 • 企業分析 3.想定領域算出 • サプライチェーン構造 • 各領域ごとの業務/事業算出 4.市場規模算出 • 各領域ごとの市場規模 • 各領域ごとの競合
主担当者/作業者	PM：株式会社スペックホルダー /大野泰敬 ※期間中、コンサルタント2名、スタッフ2名の合計5名体制
作業期間	2019年12月1日～2020年1月31日まで

参考程度ですが、私が実際に使っているフォーマットを上記と次ページに記載します。これはあくまでも私が使うことで一番効果を発揮するもので、皆さんにとって完璧とは言えないかもしれませんが、参考にはなると思いますので、皆さんも、自分にあったフォーマットを作ってみてください。

項目	サービス概要
名称	BIZIサポート
概要	ビジネスマン向けサブスクリプションサービスで、市場調査から資料作成、レストランの予約までをまとめて実施してくれるAI秘書サービス
サービス内容	①市場調査機能 ②資料作成機能 ③レストラン予約機能 ④スケジュール調整機能
価格	ブロンズ会員：月額980円 プラチナ会員：月額5200円 ダイアモンド会員：月額21000円
法人/個人	法人向けサービス（一部サービスは個人も可能）
申込方法	Web経由
リリース日	2021年5月1日
キャンペーン	2ヶ月無料キャンペーン（2021年5月から2021年12月末まで）
目標売上/会員数	10億円/10万人
	戦略
ライバル企業	A社
ターゲット顧客	ビジネスユース/部長以上の役職者
顧客獲得方法	日経新聞社との連携
優位性	日本初の機能
マネタイズ	①月額会員 ②追加オプション ③申し込み費用
KPI	FY21：10億円/10万人の会員獲得 FY22：30億円/30万人の会員獲得 FY23：60億円60万人の会員獲得
撤退基準	FY21：1万人の会員獲得

【やり方】準備の１つとして、フォーマットを作成しておいて活用しよう。フォーマットを使えば、打ち合わせなどでヒアリングするとき、検討事項も、やるべきことも、抜け漏れなく確認することができるよ。その場の主導権も握れるし、資料も簡単に作れたり、良いことばかり。自分が頻繁に使うであろうものからどんどんフォーマット化を進めて、仕事のやり方がガラリと変わるのを実感しよう。

自分の情報を引き出す

さて、準備の2つ目はインプットした情報を瞬時に引き出せるようにしておくことです。前項でフォーマットを使ってヒアリングする方法について説明しましたが、クライアントの考えていることをヒアリングで引き出すということと、インプットした情報の中から、自分が知りたい情報などを瞬時に、そして的確に引き出せるようにしておくことは、実は連携しています。

クライアントの考えを正確に把握するためには、時には自分の持っている情報と瞬時に照らし合わせて、そこから得られるフィードバックを元に、またクライアントの考えを深堀りしていくという一連の流れを繰り返していくことが求められるからです。

そうすることで、クライアント自身も把握できていなかった一段深い情報を引き出すことが可能になります。

オレンジハウス

雑貨 キャラクター POP チラシ 什器 展開 ディスプレイ 販促

2013/06/15

そういう意味でも日々の情報のインプットが欠かせないのと同じく、情報を整理しておいて、いつでも引き出せるようにしておくことも欠かせないと言えるでしょう。

私がよくやっているのは、Ｗｅｂで検索しても出てこないようなものなどを第４章のツール紹介でお伝えしたEvernoteなどのメモに記録しています。

アンテナを張り巡らせ街中で目に入ったチラシや看板、広告を見て感じたことなど、ありとあらゆるものを記録しています（例：上図）。

そして検索したときにすぐに見つけられるように、キーワードをタグとして登録することもあわせて行います。

動画、写真、テキスト情報。この3つを組み合わせてメモとして残す癖をつけています。タグがないと、検索しても必要なときに情報を引き出すことができないので、非常に重要な作業となります。

例えば、「物産展で効果的なプロモーションがしたいけど、どうすればいいですか?」とミーティングで問いかけられたときには、自分の作成したデータベースなどで過去イベントなどで成功していたときにどんなPOPや販促をしていたのかを検索をかけます(例:左ページ図)。

日常的にイベントなどの写真をEvernoteに記録し、自分が実際感じたことをメモしているので、その写真や事例を見せながら実体験を話すだけで、説得力のある話をすることができます。

また、イメージしているものと違う場合は、そのズレを修正するためのヒントとなりま

す。

　こうした情報がない場合に非常に有効なツールとして使えるのが、Googleの画像検索になります。「物産展 かっこいい イベント」などのキーワードで検索をかけると、役に立ちそうな情報がヒットするはずです。

　仮になかった場合は、キーワードを変更して再度検索してみてください。必ず何か見つかるはずです。

　私は写真や動画などをかなり多用します。そこにこだわっている理由は、実際にビジュアルで見せると直感的で非常にわかりやすいからです。言葉では表現が難しく、認識のすり合わせができたようでできていないことも多くあります。

やはり「百聞は一見に如かず」ですから、このような自分で集めた情報やGoogleの画像検索などを活用し、ミーティング中にイメージを膨らませられるような可視化された情報をベースに、考えていることを吐き出させて、情報を的確に引き出していくことが大切です。

細かいことかもしれませんが、このような小さな積み重ねが、結果的に仕事で成功するかどうかを分けるように思います。

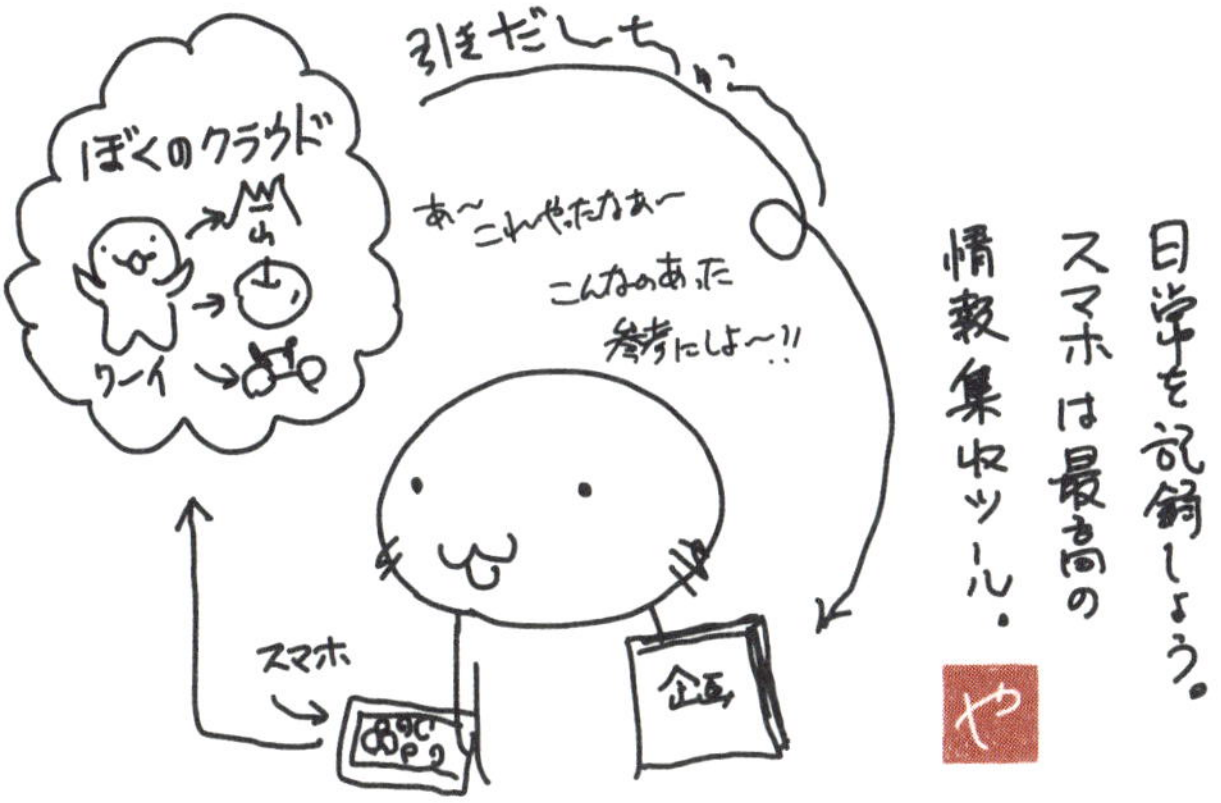

【やり方】「百聞は一見に如かず」だよ。言葉にするよりも見せたほうが相手との認識のズレがなくなって、その後の工程がよりスムーズになるよ。インプットした情報をすぐに引き出せるようにするにはEvernoteがおすすめ。テキストはもちろん、写真、動画、Webページなど、あらゆるものを記録しておけるよ。記録する際には、タグを付けることも忘れずに。タグ付けすれば検索したときに、瞬時に自分が欲しい情報にたどり着けるから。記憶の部分は自分の脳に頼りすぎずにツールを活用して、脳は考えることに働いてもらおう。

会議の内容を上手にまとめる

会議や打ち合わせなどで、何が話し合われているのかをまとめる作業をする機会が必ずあります。いわゆる議事録をとると言われている業務です。

通常、新人がやらされることが多いのですが、議事録の担当でなくても話された内容をまとめながらメモを取る人も多いと思います。この作業は非常に大事です。

そして、**仕事ができる人は、議事録をとる作業が非常に上手なケースが多い**です。この議事録という作業はマスターすると、ビジネスをしている人にとっては非常に武器になります。なので、もしこの作業を頼まれたら、チャンスが回ってきたと思って一生懸命取り組んでください。

議事録は、会社として会議内容のエビデンスをとったり、全員のコンセンサスを図るという意味で活用されています。

しかし、私が価値を見出しているのは、**自分自身の情報整理能力と管理能力が高まる**ことです。ちなみに、ここで定義している議事録は、発言した内容をすべて記載する議事録とは違い、要件を整理してわかりやすくまとめた議事録のことを指しています。会社によってその定義は異なりますが、本書では会議で発言した内容をすべてメモすることは「文字起こし」、情報を1枚などに整理したものを「議事録」として定義しています。

会議中にはいろいろな人が言いたいことを言います。しかも、人が話すスピードは非常に早い。次々に発される情報を瞬時に理解して、まとめるという作業は、簡単に見えて実は非常に難しい作業です。

議事録を上手にまとめるためには、次の内容を意識して整理することです。

- この会議の目的は何だったか
- この会議で出た課題は何だったか
- その課題を解決するために何をするべきなのか
- やるべきことは、誰がいつまでにするのか

・決定できていない内容は何だったのか

この5つを常に頭の中に意識をしておくと、ただ何も考えず議事録をとるよりも圧倒的に質の高い議事録を作成することが可能になります。

そして、この作業は頭の中だけでやるのではなく、左ページの図のようなフォーマットを事前に準備して会議に臨めば、議事録をとりながら抜け漏れをきちんと把握できるようになります。

例えば、事業の課題だったり、問題点を議案として話し合っていたとします。そのとき誰が何をするかということが決まっていないまま会議が終了しそうになったら、手を挙げて「すいません。この件なんですが、これは誰がいつどう対処しますか」という発言をするだけで、あなたに対する周りの人の見方が大きく変わるでしょう。

私の場合は会議中に議事録をとりながら、報告資料を同時につくります。つまり、会議が終わったときにはその日の資料がもうすでにできあがっている状態にしています。同時進行していれば、作業時間が半分になるので非常に効率的です。

■AGENDA（本日議論したい内容）

- サービス内容の確認
- 各種進捗状況の確認
- 課題について
- 今後のスケジュールについて

■本日のゴール（残り10分で確認）

- [ ] 課題の解決案をFIX

■内容

- サービス内容の確認
  - 経営会議に提出するサービス内容について現在資料の作成中
  - 来週には内容が確定する予定
- 各種進捗状況の確認
  - 開発状況
    - オンスケで実行中
- 課題について
  - リソース不足
    - リソースが不足していて、Phase2の開発に影響がでる可能性がある
      - リソース確保に向けての対応方法は以下の通り
        - ①新規で獲得：人材会社に手配依頼
        - ②派遣に依頼：派遣会社に連絡

■決定事項（決定した内容）

- リソースを確保するための、人材を獲得する方向性で調整

■課題事項（解決していない課題）

- リソース確保に向けての予算確保

■Action（タスク一覧）

- [1213][大野]経営会議資料FIX
- [1214][鈴村]報告資料の作成
- [1213][鈴村]人材会社に依頼
- [1213][鈴村]派遣会社に依頼

また、会議には課題をどう解決していくかというもののほかに、アイデア出しのブレストもあります。ブレストのような会議では、ホワイトボードを積極的に使っていきましょう。

ホワイトボードを使うメリット
・参加者が共通の認識を持てる
・会議をコントロールできる

ホワイトボードは、資料では説明できないことや、その会議で発生したことを整理しながら瞬時に話をするのに非常に適しています。

人は自分の都合のいいように物事を解釈したり、勘違いをしたりすることが時々あります。短期間で進めているプロジェクトであれば、その認識の違いは大きなミスや遅延を引き起こす原因になります。**ホワイトボードなどを使って役割分担や、物流の流れ、ビジネスフローの流れなどを指差ししながら、順番に確認することで、そうした認識のズレを防ぐことができます。**

もう1つは**会議の主導権を握りコントロールする**ことです。

会議の主導権を握るというのは、例えば難しい内容を話している会議で、ホワイトボードに参加者が話した内容を整理して書き始めるのです。そうすると、いつのまにか参加者はホワイトボードを見ながら話をするようになります。

そのときにホワイトボードを指差ししながら、「確かにこの考え方は良いけれども、こういう課題が出てきそうですね。その課題を解決するにはこういう方法もありそうです」や、「今回決まったことをちょっと最後に確認させていただいてもよろしいでしょうか？ここがこうなってこうなりましたよね」など、一言発言するだけで、その場をコントロールすることが可能になります。

これは社内であれば上司へのアピールに、社外であればクライアントからの信頼につながり、非常に有効です。

私がＴＳＵＴＡＹＡで訓練されてきたように、会議の議事録を取り続けていると、リアルタイムでホワイトボードにまとめていくこともできるようになってきます。そうすれば会議の主導権を握って、リーダー的な立場、ポジションを任されることも出てくると思いますから、ぜひチャレンジしてみましょう。

今日のAGENDA
・ゴール：12月のおやつを決定
ここが
重要ポイント
です。
ホワイトボードを
制するものは、
会議を制する！
や

【やり方】議事録はとても重要。議事録をとる機会があったら、会議の議題、課題、解決策、誰がいつ何をやるか、決まらなかったこと、これらを意識してまとめよう。議事録もフォーマット化しておけば、抜け漏れがなくなるよ。ブレストのときにはホワイトボードを活用するのがおすすめ！ みんなから出てきた話を積極的にホワイトボードに可視化していけば、参加者はみんなホワイトボードを見ながら話すから、そこで発言をすることで、そのブレストミーティングの主導権を握って進めることができるようになるから。

脳トレが大事

情報をインプットし、事前にフォーマットを用意し、相手が興味のあるキーワードで可視化された情報を提供しながら、的確な情報を収集し、アドバイスを実施しながら、アウトプットをブラッシュアップしていく。

言葉にすると誰でもできそうに聞こえますが、これらを瞬時に実行していくためには、やはり努力が必要です。理論が理解できただけで、簡単に実施できるほど甘くはありません。私自身も訓練に訓練を重ねて身についたスキルです。

では、どのように訓練すればいいでしょうか？

ここでは私が今でも続けている訓練を紹介します。

それは、脳のトレーニングです。

具体的に何をしているかと言うと、お風呂の中や車の運転中など、セキュアな環境が維持されている状態で、擬似トレーニングをしています。

例えば、サントリーの役員になりきって、「新しい缶コーヒーを出したいが、どのようにすればよいか？」という質問を自分自身に投げかける。そうするとそれに対して、どういう順番で何を調べるのか、そして最後に結論としてどういう答えを出すのか。この一連の流れを役員に説明しているつもりで答えるという練習をひたすらこなしています。

トレーニングの問答の中で言葉に詰まったり、回答が的確に出ない場合は、ノートにメモして、なぜ答えられなかったのか、どう説明すればよかったのかを、再度検証して、どんな質問がきても、的確に言えるように訓練をしています。

このように自分なりに考えて相手にわかりやすく伝えるという練習は、非常に重要です。私も一時はほぼ毎日、今でも1週間に1回程度はディベートやプレゼンの練習をしています。スティーブ・ジョブズがプレゼンの前にものすごく練習をすることは有名な話ですが、私もそれを見習っているわけではありませんが、この先も訓練を続けていこうと思っています。

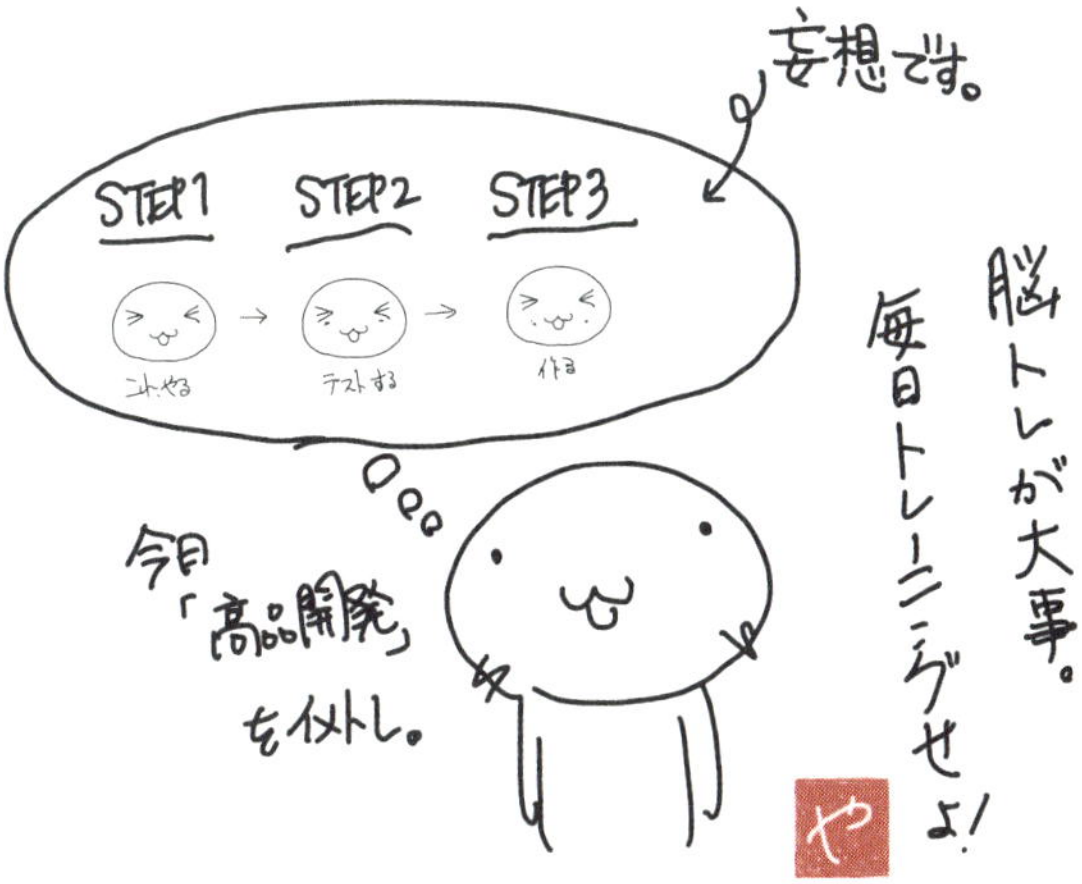

【やり方】脳トレをはじめてみよう! 営業マンであればクライアントの担当者、企画マンであれば、自社の上司や役員など、具体的な相手を思い浮かべて課題を設定して、頭の中でシミュレーションしながら問答を繰り返してみよう。問答の途中で答えられなかったりしたら、そこを再度検証する。脳トレでは意地悪なくらい細かいところまで突っ込むようにするのがコツ。そうすれば、どんな案件にも瞬時に対応できるようになれるはず! 日々のたゆまぬ訓練によってスキルは磨かれていくよ。

成功の連鎖

ひとり会社でも信頼を得られるように私がどのようなことを意識して、どのような仕事のやり方をしているか、そのポイントをお伝えしてきました。

人は誰かに仕事をお願いするときは、何かプラスになる要素があると期待しています。その期待に応えるためには、日々の鍛錬とそれを続けるということが大事です。

そうした努力の1つひとつの積み重ねが、自分の意識を変え、知識量を変え、考え方を変え、自信につながっていく。

そうなると、自ずと仕事にも余裕が出てきて、相手に安心感や信頼感を与えられるようになり、また次の仕事をいただける機会が増える。

つまり、**成功する確率を上げていくためには、そうした日々の努力が重要になってくる**と私自身は考えています。成功している人は才能に恵まれているように見えても、実はその裏側では膨大な努力をしていることが多い。

自分にしかできない、自分だからこその強みを発揮できる何かを見つけ、日々努力を重ねることで、いつか回ってくるチャンスをものにできると考えています。

今年（２０２０年現在）は新型コロナウイルスの影響で今まで経験したことのない事態が起こっています。そんな中でも自分にはできないと諦めることなく、まずはチャレンジし、その活動を継続して成功の連鎖を生み出せるような環境を自分自身が作り出し、少しでも多くの人が成功することを心から願っています。

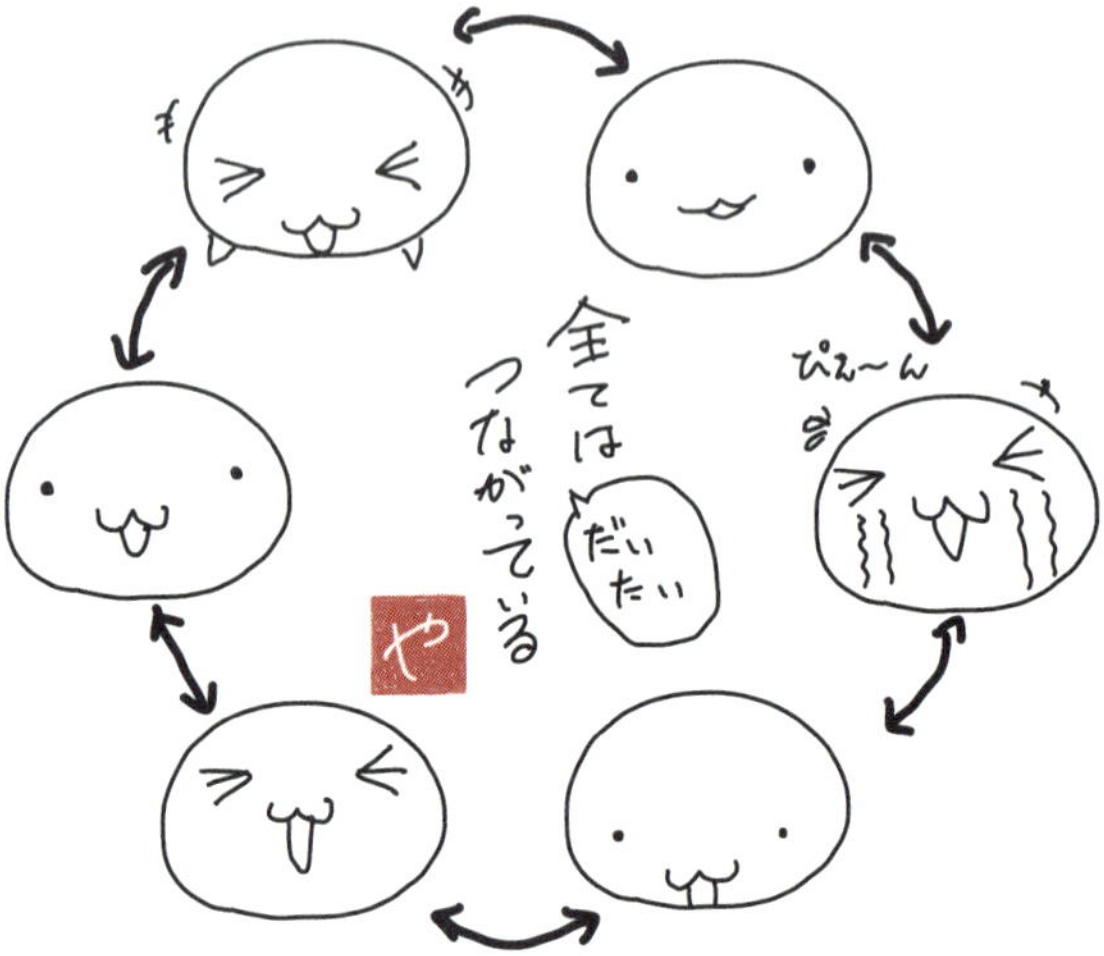

【やり方】時間はかかるかもしれないけど、1つひとつ努力を積み重ねていくことが、やっぱり大切！ 努力は絶対に裏切らないから！ 積み重ねることで意識が変わって、知識もスキルも磨かれて、自分に自信が持てるようになっていくよ。 自信が持てるようになれば、その自信は相手にとって安心感や信頼感につながるから、加速度的に仕事がうまく回りはじめるようになっていくよ！

おわりに

無駄なことは何一つない

すべてのことには意味があると思ってます。だから、無駄なことは何一つないです。**一見無駄に見えることや、今は無駄に思うかもしれないけど、それが数年後、数十年後自分にどう役に立つかはわかりません。そう、すべては自分の中に経験として蓄積され、自分自身が作られているのです。**だから、無駄なことは何一つありません。これははっきり言うことができます。

ソフトバンク時代、自宅に帰るタイミングで、「明日の朝までに本部長会議用の資料を作ってほしい」と依頼されたことがありました。話を聞くと今から作業して朝までにギリギリ間に合うかという内容だったのですが、承諾して朝まで作業を続けました。そして、

無駄なことは何もない。すべては、役に立つ。

今がツラくても、
数年後に役立つ時が、
かならず来るから。
だから、
大丈夫!!

資料はなんとか完成し、朝の9時の会議に間に合わせることができました。

しかし、本部長はいつまでたっても出社しません。結局11時過ぎに出社し、会議自体はリスケになってしまいました。なんでこんなに短時間で資料を一生懸命作っていたのだろうか、バカらしいと当時は感じていました。

他にも、自分が携わっていたプロジェクトがそもそもなくなることになり、今まで努力したことが一瞬にして0になるということがかなりの頻度で発生していました。今までの努力はなんだったのか、それは全部無駄だったのかと、当時の私は強く感じ、それが大きなストレスになっていました。

まさか、このときの経験が10年後の自分に大きく役に立つとは思いもしませんでした。

学生時代は1日18時間ゲームをして、親に「ゲームなんて時間の無駄だ」と言われ続けてきました。しかし、ゲームを愛していたからこそ、ゲームが大好きだったからこそ、一生懸命ゲームをして、その努力の結果が体の中に蓄積されることで、そうした想いなどが人を共感させ、iPhoneに協力してくれるゲームメーカーを獲得することができました。学生時代の大人たちは、まさか私のゲーム好きの経験が、世界を変えるできごとに寄与するなんて、想像もつかなかったでしょうね。

そう、つまり今経験していることの何が役に立つかなんて、誰にも予想できません。すべてのことが自分自身の未来につながっていて、その後の人生を大きく左右します。

無駄と言われた資料を短時間で、大量に作ってきた技や経験があったから、将来資料の作り方のスペシャリストになれ、まさか本まで出すことになるとは、その当時の自分では想像もつきません。すべてのことは体に蓄積され、5年後、10年後、30年後の自分の人生に必ず影響を与えます。

だからこそ、**悲観的にならず、マイナスに考えず、一生懸命目の前の作業をしてください。必ず今やっていることがどこかで報われます。無駄なことは何一つないので。**

頭が悪くても大丈夫

自分は頭が悪いと思っている方がいらっしゃるかもしれませんが、頭の良悪しは全く仕事には関係ありません。どんなに頭が悪かったとしても、仕事に関わるスキルアップはできるのです。私は偏差値わずか42でしたから。

仕事にとって必要なことは何か、ユーザーやお客様が望んでいることは何かということをきちんと考えて、それらを解決するためには何が必要なのかを考えていけば、おのずと答えは見えてくる。そこに頭の良い悪いは関係ありません。考えているか、考えていないかの違いです。

仮に私のように頭が悪いのであれば、テクノロジーを使いこなせばいいだけです。**パソコンやスマホを使いこなし、検索技術を得るだけで、人間の能力を遥かに凌駕する力を得**

ることができます。それほどコンピューターは有能です。

もちろん、得意不得意はありますが、その特性を利用し、自分の足りていない部分を補えば、大きく力になってくれます。

泣きたいときは泣けばいい

どうしても辛いときは思いっきり泣いてください。別に恥ずかしいことではありません。思いっきり泣くと、脳が落ち着いてきて、スッキリすることでしょう。

私ほど辛い経験をすると悲しくて涙もでな

いという経験もありますが（笑）、結構な確率で泣くとスッキリします。社員をリストラしないといけない、部署が解散になってしまったときなど、悔しくて、悔しくて、寝ながら涙が溢れたのを覚えています。

人生を生きていく際、辛いことも必ずあります。そういったときに、その悲しみや、辛さを解消する方法を身につけるということは非常に重要です。その1つが泣くということでもあるので、その場合は一生懸命泣いてください。そして、次の日には思いっきりスッキリする。

そうしたルールを自分の中で作り、悲しさ、悔しさを次につながる活力にできるように意識してみてください。

逃げたいときは逃げてもいい

個人的に無理に仕事をする必要はないと思っています。辛いときは逃げてもいいし、どうしても辛くて耐えられなかったら、その仕事を辞めてもいいと思います。

ただし、それがずっと続くような人生ではだめだと思いますが、無理してその仕事を続けるのではなく、自分自身が本当に打ち込める仕事、どんな辛いときでも耐えられそうな仕事を見つけたり、そうしたものを自分で作り出すということが非常に大事です。

仕事というものは一生続いていくものです。学生生活よりもプライベートの時間よりも一番長く自分が関わるものなので、仕事を楽しくしなければ辛い人生しか待っていません。なので、嫌な仕事を無理矢理する必要はありません。自分に合わないな、ここに居たくないな思ったら、辞めても構わないです。

ただし、先程も言いましたが、その次では失敗をしないように、自分に合った、自分な

ら今度はやりきれると思えるような仕事や、職業を見つけることが大事になりますが、今が辛いと思ったら一度離脱してゆっくり考えてみてください。きっと答えが見つかるはずです。

批判を恐れるな

批判を恐れなくて大丈夫です。

何か新しいことを成し遂げようとするときに批判されることは当たり前です。この批判がないということは、逆に言うと、自分の考えていることが相手に伝わっていなかったり、自分が考えているアイデアレベルが低いのかもしれません。

くよくよすんな〜
悪口?
なにそれ?
他人のことは、気にしない、気にしない。
や

社内で新しいことをやるということは、他の部署に迷惑かける可能性が非常に高いです。「新しいこと＝新しい仕事が生まれる＝めんどくさい」と思われることが多いからです。

周りの人がリスクヘッジを考えてしまい、自分の部署や自分の仕事のポジションを守るために、そのアイデアや、その企画をつぶしてくる人もたくさん社内にいます。嫉妬から嫌がらせや嫌味を言われるときもあります。心が折れそうになるほど、社内から攻撃されることもあると思います。

でも、そうした人たちの言うことをすべて聞くことはありません。

新規事業や新しいこと、変わったことを成し遂げている人のほとんどは、誰かに批判されるという経験をしています。

しかし、そうした経験を乗り越えて形にできるからこそ、成功する確率が上がるのです。成功する人は必ずこの道を通るといっても過言ではありません。だから、批判されることを恐れないでください。むしろ成功するチャンスだと思ってください。他人の意見は気にせず、自分が考えた信念を貫き通してみてください。

慌てなくていい、必ず見つかる

人にはそれぞれ能力があり、役割があり、それぞれの特性があります。なので、なぜ私にはこれができないんだろうとか、他人と比べてここが劣っているのではないかと考えるようにするのはやめましょう。

そんなところで慌てても仕方ないからです。自分のやり方を数ヶ月で見つけられる人もいれば、10年たっても見つけられない人もいます。それは一人ひとりだいぶ違います。それが個性というものです。

自分だけ答えを見つけられなかったり、自分だけこれができないなどで、焦る必要性は

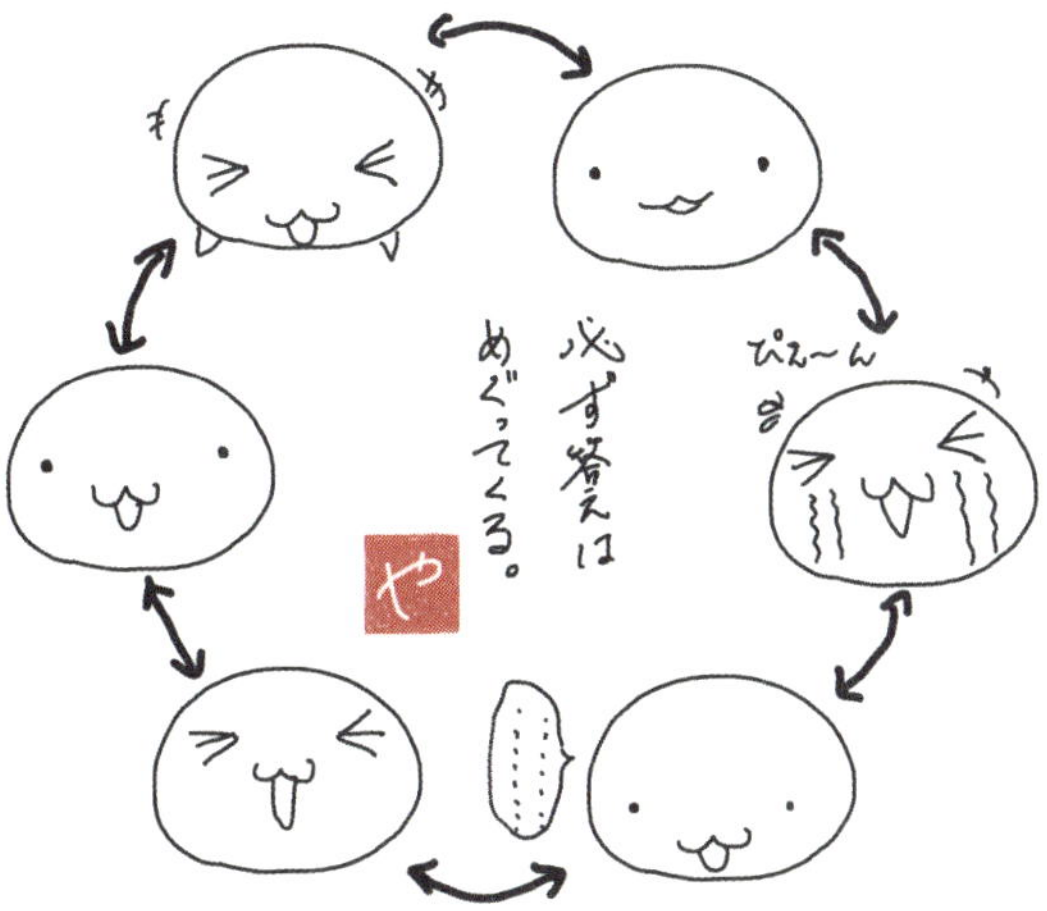

ありません。

自分のペースに合った、ゆっくりとしたスピードで、自分のやりたいことや、自分にピッタリな仕事を探求していれば、必ず見つかります。

だから、周りのスピードに影響されず、自分のペースで仕事をしてみてください。

そして、自分にピッタリな仕事が見つかったそのときには、今まで溜めていたエネルギーを一気に吐き出せばいいだけです。それまでは焦らず充分にエネルギーを体の中に蓄えておいてください。

成功するのに大事なポイント

今まで成功する確率を上げるためのお話をしてきましたが、その中でも重要なことは以下の5つです。

・目標を持つ
・インプットを強化する
・アウトプットする癖をつける
・まずはやってみる
・失敗を恐れない

この5つが非常に重要な要素だと思っています。この5つを心がけながら、自分は何ができるのか、何がしたいのかという目標を持ち、それに向かって走り続けることが大事です。

そして、その中でも一番大事なことは、「まずはやってみる」。行動に移さなければ、絶対に前に進むことはありません。失敗してもいい。それでも前に進んでください。その失敗が糧となり、その涙が糧となり、その努力が糧となり、将来の自分の成功に大きく貢献してくれるはずですから。

最後に

今回の本をなぜ出そうと思ったかというと、自分の親しい人や、家族や、この本を読んでくれるような多くの人たちの成功する確率を上げるきっかけになればと思い、執筆することにしました。

努力と失敗を重ねてきた私の経験は何かの参考に必ずなると思います。少しでも多くの人の考え方を変えて、明日から行動に移してもらえるようにと願いを込めて書きました。

本書の内容が少しでもわかりやすくなるように、心の中に入ってくるように、イラストも自分自身で頑張って書いてみましたが、いかがでしたでしょうか(笑)。

「誰でも簡単に、すぐできます！」と書いてなくて、すいません。

成功するためには膨大な量の努力が必要になる。そうしたものの積み重ねが成功するための一番の近道だと私は考えています。本書を通して、何かそういった日々の行動や生き方、仕事の仕方など、変わるきっかけになれば幸いです。


本書を執筆するにあたり、改めて思い返してみると、社会人人生で本当にお世話になった方がたくさんいました。まずは人生を変えるきっかけになった堀出教授と宮さんの存在。ソフトバンクで破天荒な私を容認し、自由に好きなことをやらせてくれ、すべての責任を裏側でとってくれていた鈴木統括部長と原田統括部長、星川課長。言うことを聞かず、暴走機関車だった私を裏側でサポートしてくれていた最大の理解者、協力者でもあった盛山課長。当時そのことに気がついておらず、失礼な態度を取り続けていたことを、お会いする機会があればひたすら謝りたいです。

そして、農林水産省にヘッドフォンを首にかけて、ジーパン、Tシャツで会議に出席していたにも関わらず、出向元に戻る際「大野さんは、新規事業のサポーターが向いていると思います」と声をかけてくれた関屋さん。この一言がなければ、今はもっと違う人生を歩んでいたと思います。感謝しかありません。
原稿の入稿などで深夜遅くまで編集作業をしてくれている出版社の根本さん。「その話面白いですね。書籍化しましょ！」と声をかけてくれなければ、この本自体が世に出ることもありませんでした。

昔は一匹狼だと思っていたのですが、裏側にいる多くの人に支えられて人は生きているということにようやく気がつきました。より多くの人が、自分に合った生き方、働き方を見つけることができ、最後は幸せだったとこの世を去れるような人生を歩んでいけることを心より願っております。

がんばりましょう！　大丈夫、あなたならきっとできると思います。信じて、チャレンジしてみてください。
読んでいただき、ありがとうございました。

大野泰敬

［付録］フォーマットダウンロード

本書6章の

「フォーマットがすべての仕事を変える」

でご紹介した

フォーマットのテンプレートを数種類、

以下のURLからダウンロードできます。

https://cm-group.jp/LP/40446/

【著者略歴】

大野泰敬（おおの・やすのり）

株式会社スペックホルダー 代表取締役、株式会社キャンプトピア 代表取締役社長
ソフトバンク株式会社(現ソフトバンクグループ株式会社)で新規事業などを担当した
後、カルチュア・コンビニエンス・クラブ株式会社にて、新規事業に従事。2008 年に
ソフトバンクに復帰し、当時日本初上陸の iPhone マーケティング戦略を手がけ、シェ
ア拡大に大きく貢献。その後、大手ゲーム会社、インテリジェンス(現パーソルキャリ
ア株式会社)などで新規事業責任者として従事したのち、独立。株式会社スペックホル
ダーを立ち上げ、社員 1 名の会社ながら NTT、NTT データ、ニチレイ、博報堂、ソフ
トバンク、日立、ロート製薬、日本能率協会などの大企業を相手に、事業戦略、組織作り、
研修、制度設計などを手がける。これまで作ってきた事業は 70 以上にのぼる。東京オ
リンピック・パラリンピック競技大会組織委員会アドバイザーも務める。また、趣味の
登山・アウトドア好きが高じて、地方の休眠資産を活用し観光地に変えるための株式会
社キャンプトピアを設立し、自然を体験できる施設づくりも手がける。

ひとり会社で6億稼ぐ仕事術

2021 年 1 月 1 日 初版発行

発 行　**株式会社クロスメディア・パブリッシング**

発 行 者　小早川 幸一郎

〒151-0051　東京都渋谷区千駄ヶ谷 4-20-3 東栄神宮外苑ビル

http://www.cm-publishing.co.jp

■ 本の内容に関するお問い合わせ先 ……………… TEL (03)5413-3140 ／ FAX (03)5413-3141

発 売　**株式会社インプレス**

〒101-0051　東京都千代田区神田神保町一丁目 105 番地

■ 乱丁本・落丁本などのお問い合わせ先 …………… TEL (03)6837-5016 ／ FAX (03)6837-5023

service@impress.co.jp

(受付時間 10:00 〜 12:00、13:00 〜 17:00　土日・祝日を除く)

※古書店で購入されたものについてはお取り替えできません

■ 書店／販売店のご注文窓口

株式会社インプレス 受注センター …………………… TEL (048)449-8040 ／ FAX (048)449-8041

株式会社インプレス 出版営業部……………………………………………… TEL (03)6837-4635

カバーデザイン　萩原弦一郎（256）
本文デザイン　金澤浩二（cmD）
DTP　荒好見（cmD）
©Yasunori Ono 2021 Printed in Japan

カバー・本文イラスト　大野泰敬
印刷・製本　中央精版印刷株式会社
ISBN 978-4-295-40446-0 C2034

超実用的・実践的な資料作成の決定版

PRESENTATION
RULES

大野泰敬
Yasunori Ono

必ず通る
のには
理由がある

予算獲得率100%の企画のプロが教える

必 ず 通 る
資 料 作 成

ソフトバンク、CCC、PERSOLなどの大手で、

68の新規事業を立ち上げた
プレゼン術

資料作りには 1つのワークシートに因数にこだわる 決得力を上げる
勝ちパターンがある データ収集 スライドの見せ方

予算獲得率100%の企画のプロが教える
必ず通る資料作成

大野泰敬（著）／定価：1480円（税別）／クロスメディア・パブリッシング

大手で68の新規事業を実現した究極のプレゼン術を大公開！本書では著者が実践している
資料の作り方を中心に、プレゼンのコツ、アイデアの生み出し方まで、企画を通すための基本
を余すことなく公開しています。資料の見た目のテクニックについて解説している本も多いで
すが、見た目は大切なことの1つに過ぎません。経営陣や上司に「YES」と言わせるために必
要な情報は何か、そういった情報はどう集めるのかという根本的な部分について具体的に解
説しています。